SAMOURAÏS DANS LA BROUSSE

Guillaume Jan voyage en Afrique depuis plus de quinze ans. Il en a rapporté plusieurs livres, dont *Le Baobab de Stanley* (2009) et *Traîne-savane* (Grand Prix du roman de la Société des gens de lettres en 2015). *Samouraïs dans la brousse* a obtenu le prix Toison d'or en 2018 et le Grand Tétras du livre d'aventure en 2019.

Paru au Livre de Poche :

Le Baobab de Stanley

Traîne-Savane

GUILLAUME JAN

Samouraïs dans la brousse

PAULSEN

Cartographie : Nicolas Jan.

ISBN : 978-2-253-25957-2 – 1re publication LGF

Première averse –
Le singe aussi aimerait
un petit manteau.

Bashô

1

Anthropopithèques

(28 novembre 1973)

Ce sont d'abord les papillons qui l'émerveillent, qui l'escortent comme dans un rêve et le ravissent – des parme, des topaze, des bleu roi, des blanc de Saturne, des violet d'évêque. Devant lui, la piste tire un trait malhabile au milieu des arbres extravagants : chaque coup de pédale l'enfonce un peu plus dans la jungle ou dans les ténèbres, tandis que sa bicyclette tintinnabule comme un chariot de Père Noël. La température extérieure avoisine celle de la fournaise, son sang pourrait s'évaporer dans ses veines, sa gorge est sèche et sa chemise trempée de sueur, ses muscles lui font mal, mais les papillons l'accompagnent. Ils voltigent autour de lui, font la course avec son vélo rouge, apportent d'inattendus chatoiements dans cette pétaudière émeraude. Ils virevoltent comme de l'écume dans son sillage, tournoient autour de ses mains, font palpiter leurs ailes, le dépassent en silence. L'invitent à les suivre.

La piste est traversée par une rivière aux eaux énergiques et sombres, le vaillant petit homme se réjouit de pouvoir s'y abreuver. Trois femmes y font leur lessive, de jeunes garçons s'y éclaboussent ; mais tout s'arrête quand le cycliste met pied à terre, puis lorsqu'il couche le cadre de sa petite reine dans les fourrés. Sa peau est dorée, presque ambrée, ses yeux ne sont pas en amande comme ceux des Africains, mais bridés. Il ne ressemble pas aux autres Blancs que l'on croise au Zaïre – des Belges restés après la décolonisation, des missionnaires débonnaires, des entrepreneurs débraillés, des Portugais audacieux qui s'acoquinent volontiers avec les filles du village. Le pèlerin s'approche timidement, salue les femmes avec déférence puis leur demande si l'on ne trouverait pas des bonobos dans leur coin de forêt, par hasard. Les trois grâces ne comprennent pas, ou font mine de ne pas comprendre. Elles rajustent leur pagne sur leur poitrine, sourient pour contenir leur gêne, tchippent en faisant claquer leur langue dans leurs joues. Le jeune homme à la peau cuivrée reprend : *Mokomboso* ? Il imite le cri des bonobos, qui est plus aigu que celui des chimpanzés. *Mokomboso ezali awa* ? demande-t-il approximativement en lingala. Ah, une des jeunes femmes a saisi. Elle parle à ses voisines et toutes trois entament un palabre qu'il ne comprend pas ou qu'il est trop troublé pour comprendre, car il réalise à quel point ces femmes sont belles. Il se sent de trop auprès de ces créatures qui poursuivent leurs babillages, qui se moquent de lui peut-être. Elles n'en reviennent pas de voir ce rastaquouère aux cheveux raides qui ne se déplace pas en jeep ou en camion, pas même à vélomoteur, qui vagabonde à la dure comme les hommes du village, et qui cherche : des singes. Elles se tiennent soudain sur leurs gardes, rappellent leur progéniture. Depuis que le président Mobutu s'est mis en tête de *zaïrianiser* le pays, c'est-à-dire de rendre le Zaïre aux Zaïrois, dehors les colonisateurs, on ne sait plus sur quel pied danser avec les étrangers. On se méfie d'eux, puisqu'ils ne viennent que pour piller les ressources de ce pays de cocagne, et cela dure depuis longtemps, depuis l'esclavage, depuis l'ivoire, le caoutchouc, le cuivre, l'uranium et tout un tas de métaux précieux, et puis quoi encore ? Que leur veut-il, à ces singes ? Les femmes ne rient plus maintenant, elles se détournent du petit homme à la silhouette gauche, rassemblent leur linge, essorent leurs pagnes. Le candide perd son sourire, mais ne se décourage pas, il lui en faudra beaucoup plus, il lui faudra une vie. Il remonte sur son vélo, traverse la rivière sur le pont de planches inégales, repart valeureusement sous le soleil qui mange toute son ombre. Il a oublié de boire.

Tentons de le suivre encore un peu dans son cheminement solitaire, dans sa longue route au cœur de l'océan de verdure. Il a 35 ans, il est né le 16 mars 1938 à Toyonaka près d'Osaka, au Japon, il s'appelle Takayoshi Kano et les jambes de son pantalon de flanelle sont crottées de boue rouge. Sa chemise ne vaut guère mieux, délavée par le soleil et les litres de sueur. Il pédale en danseuse pour affronter les côtes, s'essuie parfois le front avec une serviette, de couleur écrue, qu'il laisse pendre sur sa nuque. Il crapahute sur cette piste sinueuse alors que d'autres papillons l'accompagnent. Quand il pénètre dans un tunnel de verdure, il en savoure la fraîcheur. Le vent baigne ses cheveux noirs, il ne pense à rien, ou bien il se rappelle la carapace écaillée du pangolin qu'un enfant a voulu lui vendre ce matin, à bord du bac rouillé qui traversait la Tshuapa. Il se rappelle aussi les premiers bonobos croisés lors de ce séjour exploratoire, c'était loin en amont de la rivière, il y a quatre ou cinq semaines. Leurs dos musclés, leurs poils charbon, leurs bras longilignes, leurs longues mains, leurs longs pieds, leur bonne humeur ; et puis leur regard profond, empli de sagesse, d'empathie ou de curiosité, quand ils sont descendus de quelques branches pour mieux observer cet intrus à deux pattes qui n'osait pas bouger, qui jubilait à voix basse, qui tremblait d'exaltation. Dans les montées, il regrette son automobile, qui a rendu l'âme la semaine dernière – une 404 carmin, achetée deux mois plus tôt au bord du fleuve Zaïre, dans la ville de Mbandaka. Je vous la cède pour 1 000 zaïres, et c'est un prix d'ami, avait dit le margoulin : les freins ne fonctionnaient plus, le moteur s'est grippé. La Peugeot a tout de même tenu 2 000 kilomètres sur les pistes ondulantes de cette brousse incongrue. Mais la guimbarde avait mauvais caractère, tombait en panne, renâclait, n'était jamais fiable. Il devait s'arrêter pour la ménager, pour l'abreuver d'eau, d'huile ou d'essence : le Japonais en profitait pour demander aux villageois s'il leur arrivait d'entrevoir des bonobos dans les alentours, on lui répondait que non, qu'on ne savait pas, mais que si on en voyait on en mangerait volontiers. On lui proposait du macaque boucané à la place, des antilopes de brousse fraîchement chassées, il déclinait. Il ne venait pas se taper la cloche, il ne venait pas exterminer les animaux de la jungle : il voulait juste observer ces grands singes dont on ignorait tout, il voulait, connaître leurs habitudes, étudier leur organisation sociale et, peut-être, mieux comprendre les origines des comportements humains.

Au crépuscule, il s'arrêtait à l'orée des villages ou au bord des rivières, dînait de riz froid, de manioc ou d'une banane, somnolait sur la banquette arrière. Il avait été hébergé trois jours dans une plantation d'hévéas tenue par un Belge inquiet, qui pestait contre l'avenir et la politique, qui menaçait de tout plaquer, de laisser ses quarante-sept employés sur le carreau, d'abandonner dix-huit-ans-de-travaux-sans-prendre-un-jour-de-vacances à cause des lois nationalistes promulguées par Mobutu. Les deux hommes ont bu un peu de bière, se sont penchés sur le moteur. Non, on n'a pas vu de bonobos ici, et pour tout te dire on s'en fout. Takayoshi est reparti, il a dormi dans d'autres plantations, de café ou d'huile de palme, dans des missions catholiques, dans des missions protestantes, dans la case du chef du village. Il annotait sa carte géographique, marquait d'une croix les rares sites où l'on se souvenait d'avoir vu des bonobos récemment. Le scientifique se prenait parfois pour un explorateur du XIXe siècle, à chercher la petite bête sur ce territoire prodigieux. Il s'engageait à pied sous la canopée, jumelles autour du cou, carnet en main, espérant trouver une piste, un indice, un nid, des pelures de fruits. Il s'engouffrait sans frémir dans la jungle, s'embusquait dans les clairières, écoutait le silence qui se transformait en bourdonnements aigus, en chuintements intrigués, en moustiques qui venaient lui chatouiller les oreilles, puis il se mettait à pleuvoir. Le primatologue courait vers sa 404, son carnet sous sa chemise. Les fonctionnaires de police ne se gênaient jamais pour le tracasser, puisque sa présence était suspecte, son projet était suspect, sa 404 était suspecte, sa couleur de peau était suspecte, sa nationalité intrigante. De mémoire d'homme, on n'avait jamais vu de voyageurs nippons dans cette forêt – il y en avait eu pourtant, au moins un l'année dernière, on en reparlera. Les sbires fouillaient tout, l'interrogeaient, réclamaient des taxes. Je ne suis qu'un primatologue, je viens faire des recherches scientifiques sur les bonobos, voici toutes mes autorisations, ah si, je vous assure, il existe des bonobos dans votre forêt, il en existe encore. On lui collait une amende parce qu'il avait de la boue sur ses phares. À Yaloya, au sud d'Ikela, il rencontre le père François, un prêtre aventurier, chasseur d'éléphants et un peu chercheur d'or, un homme nimbé d'une aura mystique qui prend à cœur de l'aider. Le missionnaire alsacien et le scientifique d'Osaka improvisent une expédition de trois jours : pas de bonobos. Le 29 octobre, Kano calligraphie un mot en pensant à sa fille Keiko, qui a 2 ans ce jour-là, on dirait qu'il y est question d'amour et de solitude, et de sa tristesse de ne pouvoir lui parler, ni à Masayuki, son fils aîné, ni à son épouse Noriko. Mais ce n'est pas encore le temps de rentrer, il doit avancer dans ses recherches. Qui ne sont pas fécondes.

Et voilà que, deux jours plus tard, il tombe sur ses premiers bonobos. Un groupe de sept, cinq adultes et deux jeunes. Leur troublante ressemblance avec les hommes. Leur silhouette élégante, plus élancée que celle des chimpanzés qu'il avait observés en Tanzanie, quelques années plus tôt. Leur toison noire et soyeuse, les généreux favoris qui leur donnent un air de parlementaire anglais de l'époque victorienne, leurs oreilles plus petites que celles des chimpanzés. Leurs lèvres roses. La vulve proéminente des femelles, très rose également. Mais ce sont surtout leurs yeux qui le happent, leurs pupilles qui le sondent attentivement, comme pour déchiffrer son cœur ou son âme. Les singes jaugent le petit homme puis s'en vont battre la nature, passant agilement de branche en branche, s'aidant d'une liane pour disparaître dans l'opacité de la forêt. Le primatologue voudrait suivre leur trace, Attendez-moi, je suis gentil. Il recense les nids construits dans les alentours, croit entendre leurs cris à l'orée de la nuit, prend des notes, questionne le chef du village, l'instituteur, des chasseurs : tous confirment la proximité des bonobos. Sur sa carte de l'Institut géographique du Zaïre, il entoure le village de Yalosidi, à l'est du parc national de la Salonga. Ce n'est pas idéal, mais c'est mieux que rien. Après dix semaines d'explorations maladroites, il vient enfin de localiser un lieu qui pourrait servir de base pour l'étude de ces grands singes.

Ses battues n'ont pas été vaines, mais son voyage n'est pas terminé pour autant. Il doit encore aller fureter au nord de la rivière Tshuapa. Le moteur de sa 404 flanche définitivement alors qu'il regagne Boende, le chef-lieu, le point de repli, le village carrefour d'où il commence et finit toutes ses explorations – il termine son périple à l'arrière d'un camion chargé d'ananas et dort quinze heures dans la chambre de la mission catholique qui le recueille, une mission tenue par des pères flamands. Au réveil, il compte l'argent qui lui reste : son pécule ne fait pas rêver, les trois quarts des subsides alloués par l'université de Kyoto ont fondu. Il n'a plus les moyens d'acheter une nouvelle Peugeot, et puis il en a assez des problèmes mécaniques. Contre mauvaise fortune, faire bon cœur : le voltigeur voyagera à vélo, désormais. Il n'a pas eu de mal à s'en procurer un, robuste, taillé pour affronter les pistes de la jungle, avec des pneus épais comme son poing. Il mange copieusement pour prendre des forces, fait une lessive qui séchera en deux heures au soleil, repart.

C'est là que l'on retrouve Takayoshi Kano, le 28 novembre 1973, juché sur sa bicyclette dont les grelots tintent plus fort chaque fois que les roues tapent une bosse ou s'enfoncent dans une ornière. Il progresse dans la chaleur moite, ahanant parfois, abîmé dans sa bulle, escorté par un couple de libellules, et les papillons toujours – des bleu nacré, des striés de vert. Il est minime dans cette jungle suprême, il est insignifiant. Pourtant, il va contribuer à élucider le mystère de nos origines, il va chambouler nos connaissances sur la place de l'homme dans l'histoire du monde, sur la genèse de nos rapports sociaux, sur les racines de nos emportements, si étranges, sur le long chemin que nous avons parcouru depuis que notre famille s'est progressivement séparée de celle des autres primates, il y a 12 ou 15 millions d'années. Les études qu'il mènera nous feront mieux comprendre notre arbre généalogique buissonnant, elles nous aideront à imaginer à quoi pouvait ressembler l'ancêtre commun que nous partageons avec les chimpanzés et les bonobos. Takayoshi Kano va devenir un manitou de la primatologie, une figure majeure de l'étude des grands singes. On raconte qu'il aurait pu devenir aussi célèbre que l'Anglaise Jane Goodall avec ses chimpanzés de la rive est du lac Tanganyika, ou que l'Américaine Dian Fossey avec ses gorilles dans les brumes des Virunga. Mais qu'il était de tempérament réservé et pas toujours à l'aise avec la langue anglaise. Que son nom n'a pas brillé autant qu'il aurait dû.

On connaît peu de chose sur ce baroudeur sibyllin, tout comme il n'existe aucun compte rendu de ce premier voyage accompli en 1973. On le trouve courageux de s'être hasardé dans cette redoutable forêt avec l'idée de répertorier les emplacements des bonobos. On le trouve héroïque, mais cela ne nous éclaire guère sur sa biographie, de même que les papillons ne suffisent pas pour raconter ses tribulations. On se demande : quelle mouche a piqué ce scientifique du pays du Soleil-Levant, quelle mouche l'a piqué d'aller entreprendre cette terrible odyssée au cœur des ténèbres ? Libre et frugal, il a erré sans crainte du lendemain, curieux de la flore et de la faune qu'il côtoyait, fier, ne prenant pas ombrage d'être mal reçu dans les villages. Personne ne comprenait ses recherches sans queue ni tête, et puis la zaïrianisation n'encourageait certainement pas l'hospitalité envers les étrangers – ceux-là, il faut dire qu'on ne savait jamais ce qu'ils mijotaient quand ils pénétraient dans la jungle, au sol et au sous-sol miraculeusement riches. Quelques années plus tôt, un amateur de cigares s'y était faufilé, avec cent hommes armés et des caisses de munitions. Il y avait fomenté une révolution, il s'était échiné à former un bataillon de rebelles pendant l'été 1965, à les entraîner aux rudiments du maquis équatorial. Mais le guérillero s'était arraché la barbe et les cheveux devant le manque d'implication de ses Pieds Nickelés qui n'étaient jamais sortis de leur brousse, qui ne montraient aucune accointance avec la lutte armée, qui préféraient aller chatouiller les filles ou fumer des pétards plutôt que de conquérir une nouvelle position. Alors, quand il n'avait plus eu de cigares, le franc-tireur avait jeté l'éponge. Il s'appelait Ernesto Guevara, ses hommes le surnommaient le Che : on l'avait souvent entendu dire, ensuite, que toutes les conditions étaient réunies pour *rater* la révolution au Congo. C'est finalement le lieutenant général Joseph-Désiré Mobutu qui avait pris le pouvoir, quelques semaines après son départ – pour un règne de trente-deux années.

Takayoshi Kano ne se décourage pas dans la jungle : à force de chercher, il trouve. Il trouve un emplacement idéal un peu au-dessus de la ligne de l'équateur, quelques jours avant Noël. Un emplacement encore plus intéressant que le site de Yalosidi, déjà souligné sur sa carte le mois dernier. Le village s'appelle Wamba, on aimerait en connaître les détails. On écrit de longs courriers à l'université de Kyoto, on apprend que le primatologue est toujours en vie, mais qu'il s'est retiré du monde, qu'il ne souhaite plus parler des bonobos, qu'il a tourné la page et laisse la main aux jeunes. Plus on cherche, plus on voudrait en savoir davantage, c'est humain. Seulement, les successeurs de Takayoshi Kano n'ont pas le temps de répondre aux questions qu'on leur pose, ou bien ils n'en ont pas envie. Un matin, on rêve de s'engager malgré tout sur les mêmes pistes que ce samouraï de la brousse, de partager sa peine et ses exaltations, avec cette excuse formidable d'aller enquêter sur les origines de l'humanité. On y rencontrerait les hommes et les femmes que le scientifique a côtoyés, on se fondrait dans les paysages qu'il a traversés lors de son entrée romanesque dans ce territoire enchanté, on clignerait des yeux au miroitement des papillons, on croiserait peut-être des bonobos, puisqu'il en reste, paraît-il. On ramènerait quelques éclats de la vie fabuleuse de ce virtuose du cyclisme de jungle. On se demande alors : cette plongée dans le jardin d'Éden, ne serait-elle pas le plus entêtant des voyages que l'on pourrait jamais accomplir ? La plus pure des odyssées ? Pas celle d'un Occidental parti divaguer dans un coin reculé de la planète, mais celle d'un hominidé qui rejoint la terre de ses ancêtres, celle d'un primate venu visiter ses cousins. Marcher sur les traces de Kano et des bonobos, ce n'est pas s'aventurer dans l'inconnu : c'est rentrer au pays originel.

Autoportrait au palétuvier

Il existe quelques rares photos de Kano au Congo. Sur l'une d'elles, il pose devant les racines géantes d'un palétuvier. Il est vêtu d'un treillis clair, porte un sac en bandoulière. Sa barbe est noire, comme celle du capitaine Haddock, et ses cheveux sont trempés de sueur. Des gouttes de soleil se posent sur les feuilles de l'abondante végétation qui l'entoure. Son regard est fatigué, mais il révèle aussi une détermination, une espièglerie, une allégresse.

2

Mille sabords

(3 octobre 2016)

Sur la berge de sable brun, quelques pirogues éventrées gisent dans les hautes herbes : l'eau turbide embrasse leurs carcasses avec délicatesse, comme pour leur dire de ne pas s'en faire, tout va bien se passer. Odeurs de terre chaude et d'entrailles, grésillements d'insectes. Le soleil fond derrière l'autre rive, une femme en pyjama rose monte sa valise dans une embarcation à étage amarrée sous un palmier, puis un homme apparaît, un quinquagénaire digne et mince, vêtu d'un costume usé, coiffé d'un chapeau élégant, chaussé de mocassins cirés, une mallette en similicuir à la main. En voulant enjamber un barbelé rouillé, l'homme fait un mouvement désordonné, sa mallette s'ouvre par accident et l'intégralité de son contenu tombe à ses pieds : une brosse à dents, un téléphone portable, une Bible jaunie, c'est tout.

C'est le port de Sokozelo, dans la ville de Mbandaka, au bord du fleuve Congo. J'y traîne comme un chat sauvage à la recherche d'une embarcation qui, je l'espère ardemment, me fera remonter la rivière Tshuapa et gagner Boende, d'où je partirai sur les traces du primatologue japonais. Naïf et pressé, j'avais d'abord imaginé prendre un avion depuis Kinshasa, la capitale, un avion qui pouvait m'y transporter en moins de trois heures. J'avais acheté un billet et m'étais rendu à l'aéroport, un jeudi à 6 heures du matin. Quelques minutes avant d'embarquer, l'employé de la compagnie aérienne s'était excusé : je ne pouvais monter à bord du monomoteur, il n'y avait plus de place finalement, un cercueil prenait toute une rangée de fauteuils. Au Congo, nous sommes en déphasage par rapport au reste du monde, avait-il bredouillé pour s'excuser, avant de me proposer de retenter ma chance la semaine suivante, puisqu'un seul vol hebdomadaire desservait Boende. Mais rien n'était moins sûr. J'ai finalement opté pour un autre point d'entrée dans la jungle : Mbandaka – la cinquième ville du pays, 350 000 habitants, seulement six tronçons de route goudronnés et une allée bordée de palmiers royaux qui mène à la résidence du gouverneur et au port de Sokozelo.

Teddy m'accompagne à l'embarcadère. C'est un jeune et brillant avocat, rencontré deux jours plus tôt, qui a décidé de m'aider comme si sa vie en dépendait. Il raccroche son téléphone mobile et m'annonce que nous avons de la chance, il vient de me trouver une baleinière. La fine fleur de la baleinière, précise-t-il. Une baleinière, c'est une pirogue améliorée, si on veut. Une coque creusée dans un tronc de 20 mètres, sur laquelle on a sommairement cloué un toit plat qui permet de doubler l'espace disponible pour transporter marchandises et passagers. Le navire devrait faire escale demain à Mbandaka, je n'aurai qu'à me tenir prêt. La nuit s'est abattue le temps qu'a duré sa conversation téléphonique, le ciel est noir, de lourds cumulus dissimulent la lune et les étoiles, des bribes de tonnerre roulent sur la canopée, la saison des pluies a commencé. Une sorte d'officier surgit de la pénombre, chemise bleu ciel, béret noir.

— DGM du port, voulez-vous me suivre dans mon bureau pour les formalités ?

La Direction générale des migrations, vestige des années Mobutu et peut-être même de la colonisation belge, quand les déplacements à l'intérieur de cet immense pays étaient scrupuleusement surveillés et consignés, reste un passage obligé dans chaque ville, dans chaque port fluvial de la République démocratique du Congo. Il s'agit toujours de renseigner l'ensemble des déplacements à l'intérieur de cet immense pays, grand comme cinq fois la France. Tâche ingrate, essentiellement inutile – qui consulte ces cahiers gonflés d'humidité, entreposés sur des étagères poussiéreuses ? –, effectuée par des agents rarement rémunérés. Mais le prestige de l'uniforme, ou plutôt l'autorité qui y est attachée, leur assure des revenus complémentaires, qui sont en réalité leurs revenus principaux.

L'agent, qui se présente sous le nom de Papa Magellan, me précède jusqu'à une paillote en bambous penchée, une case en italique bâtie dans le sens du vent, avec un pagne suspendu en guise de porte d'entrée. Son bureau. Tout y est inégal, tordu, de travers. Il n'y a pas d'électricité et donc pas de lumière. Le fonctionnaire allume un bout de chandelle, la flamme vacille lorsque le vent s'engouffre dans la pièce, puis s'éteint : la tempête se rapproche. Papa Magellan n'a plus d'allumettes, mais ne se démonte pas. Il prend son téléphone portable, appuie sur la fonction lampe torche, s'assoit sur une chaise branlante devant une table branlante, et m'invite à prendre place en face de lui – sur un ancien siège de bus au dossier défoncé. Il ouvre un cahier d'écolier à une nouvelle page et voudrait y tracer quelques lignes à la règle. Comme il a besoin de ses deux mains, il me confie son téléphone, pour que je l'éclaire. Une fois qu'il a tracé ses lignes, il recopie au stylo Bic mon nom et mon numéro de passeport, s'excusant de ne pas avoir d'ordinateur pour tout mettre au propre, comme chez vous en Europe.

— Motif du voyage ?

Je lui réponds que je me promène, que je viens voir si la bicyclette de Takayoshi Kano a laissé des traces de pneus dans la jungle. Que je cherche à rencontrer les ombres de l'ancêtre des bonobologues. C'est un Japonais, figurez-vous. Je voudrais comprendre ce qui l'a mené ici, et j'en profiterai pour aller saluer les bonobos. Je voudrais aller jusqu'à Wamba, au plus profond de la jungle, et je ne sais même pas si j'y arriverai. Oui, c'est loin, acquiesce Papa Magellan, qui note tout soigneusement à l'intérieur de ses lignes droites. Au moment d'apposer son tampon à mon document de voyage, il ne trouve plus son encrier. Il fouille dans son tiroir, cherche sur la terre battue du sol, cogite quelques secondes, soupire, dévisse son Bic et presse fort sur le réservoir d'encre, qu'il fait couler sur la matrice puis qu'il abat d'un coup sec, ajoute sa signature et voilà mon passage officialisé. Un éclair crépite jusque dans la case, le vent soulève à nouveau le pagne-porte et la pluie commence à canarder le toit de feuilles. Ce n'est pas la meilleure période pour engager cette équipée. Dans la noirceur de la case, je commence à réaliser à quel point cette plongée mal préparée dans l'inconnu pourrait s'avérer téméraire : je me doute qu'elle va bousculer mes repères. Il faudra davantage improviser que prévoir pendant quelques semaines, je devrai compter sur la poésie des moyens du bord ou sur les bouts de ficelle qui traîneront au fond de mes poches pour solutionner des situations inédites. Au moment de me libérer, le fonctionnaire me demande un petit billet à tout hasard, quelques milliers de francs congolais, *ne fût-ce qu'un petit rien*, mais précise que ce n'est pas une obligation. Je lui réponds que non, pas aujourd'hui, que nous verrons à mon retour si je repasse par là. Il est d'accord, il dit que ce n'est pas grave, qu'il n'y a pas de problème, et m'offre une banane.

La partie administrative réglée, il me reste une montagne de questions. Si ma baleinière part demain comme prévu, combien de jours mettra-t-elle pour atteindre Boende ? Et ensuite, quelle route prendre pour joindre Wamba ? La pluie ne va-t-elle pas tout compromettre ? Quel trajet a emprunté Takayoshi Kano ? Comment a-t-il découvert Wamba et ses bonobos ? Devrai-je me déplacer à vélo ? Que me restera-t-il quand j'aurai tout perdu ? Teddy me met en garde :

— Il faudra bien se laver les mains, on signale une épidémie de choléra en amont du fleuve. Et tu auras faim, tu ne trouveras pas à manger tous les jours. Et tu attraperas la malaria, ça, c'est sûr.

Ce matin, j'ai rencontré Norbert Mbangi, professeur de biologie à l'université de Mbandaka. En parlant avec cet homme râblé vêtu d'une chemise canari, la présence de Kano a commencé à se dessiner pour de bon au Congo – au Zaïre, faudrait-il écrire, puisque c'est ainsi que le pays avait été rebaptisé, de 1971 à 1997, c'est-à-dire pendant les années où le bel au bois dormant venait régulièrement dans cette jungle. Il était taciturne et buvait beaucoup, se souvient Norbert, qui a passé six mois avec lui à étudier les bonobos de Wamba au milieu des années 1980. Il était calme, je n'avais jamais vu un Japonais aussi calme. Il s'exprimait par énigmes. On m'a dit qu'il avait mis un coup d'arrêt brutal à sa carrière et qu'il s'était enfermé dans son silence. Norbert ne sait pas grand-chose de plus et doit partir pour Kinshasa ce jour même, il s'excuse de ne pouvoir m'accorder davantage de temps, ne connaît personne d'autre à Mbandaka qui aurait pu côtoyer Takayoshi Kano. Vous devriez lire son ouvrage, conseille-t-il avant de prendre congé.

C'est prévu. J'ai ce texte de 248 pages dans mon sac à dos, avec mon K-Way, un pagne et ma brosse à dents. Une édition de 1992, traduite du japonais à l'anglais par Evelyn Ono Vineberg, pour le compte de la Stanford University Press. Le livre s'intitule *The Last Ape* – longtemps, le bonobo a été considéré comme un chimpanzé commun, ce qui explique pourquoi les études sur cette espèce ont commencé un peu plus tard que celle des gorilles, des orangs-outans ou des chimpanzés, pourquoi il est considéré comme *le dernier des grands singes*. Mais je sais que le trajet de 1973 y est nimbé d'un flou artistique. Je fais glisser mon index sur les routes de ma carte du Congo, qui n'indique que des pistes incertaines, rendues chaque année moins praticables par défaut d'entretien. Je me demande pourquoi le scientifique a choisi le silence, pourquoi il s'est retiré du monde, à la manière d'un Arthur Rimbaud qui aurait mis une croix sur son ancienne vie quand il a eu tourné la page de la poésie. J'imagine Kano en tenue coloniale, régentant Wamba comme le Kurtz du *Cœur des ténèbres*, le roman de Joseph Conrad qui me hantait tant lorsque j'accomplissais mes premiers voyages en Afrique centrale. Alors je me prends à nouveau pour le commandant Marlow, héros désemparé de ce livre envoûtant, je me vois remonter une rivière mystique à la rencontre d'un personnage respecté, admiré, équivoque, insaisissable. Je ne sais rien, tout n'est que mystère, que boules de gomme, il faudra bien s'y faire.

Tableau de chasse

Sur une autre photo, prise en mai 1966, il est assis en tailleur devant la tente de son campement de Filabanga, en Tanzanie. Ce jour-là, Kano manque de mourir dans la savane avec son professeur Jun'ichiro Itani. Les deux scientifiques marchent sur les traces d'un groupe de chimpanzés, quand ils ont soudain l'éblouissement de découvrir une quinzaine d'individus perchés sur les branches d'un arbre sec, à 200 mètres, de l'autre côté de la rivière. Ils s'approchent, pas à pas. Les singes les voient venir, mais aucun ne détale. C'est une découverte extraordinaire, murmure Itani, qui a du mal à contenir son euphorie. Des chimpanzés qui n'avaient jamais été habitués à l'homme ! Les naturalistes sont sous l'arbre quand ils réalisent qu'ils ne sont pas seuls. Ils le devinent à l'odeur, puis en suivant le regard des primates : à trente pas, tapie dans l'herbe, une lionne avec toutes ses flagrances de fauve. Qui suit chacun de leurs gestes de son regard jaune, qui assemble ses grosses pattes sous son corps élastique. Les deux arpenteurs de brousse éprouvent alors le vrai sentiment de la trouille, qui est particulier. Ils reculent de manière désordonnée, sans parler, sans même respirer, puis déguerpissent sans se retourner jusqu'à la rivière, qu'ils franchissent à la vitesse du ricochet.

3

Marins d'eau douce

(4 & 5 octobre 2016)

On sait qu'il faut avoir les nerfs solides quand on voyage au Congo. Que l'on doit s'attendre à tout sous un ciel aussi accablant. Et on a les idées larges, à ce sujet. Mais tout de même. Tout de même. L'*Arc-en-ciel Express*, la baleinière que Teddy m'a trouvée, « la fine fleur de la baleinière », est une pirogue de 25 mètres coiffée d'un toit en planches qui ressemble à une cabane d'enfant. À l'arrière, un moteur noir de graisse, d'huile et de gaz carbonique, et un carré de tôles crasseuses, j'espère que ce n'est pas le cabinet de toilette. Sur le pont supérieur, sur le toit de la cabane d'enfant, une vingtaine de voyageurs – prêche-misère, va-nu-pieds, crève-la-dalle, fiers-à-bras, traîne-savates – allongés sur des bâches élimées, plus cinq chèvres aux pattes entravées qui ne doivent pas comprendre ce qui leur arrive. Sur le pont inférieur, dans le ventre de la baleinière, une cinquantaine de passagers, dont quatre ou cinq mamans avec leurs ribambelles qui me scrutent intensément. J'hésite à embarquer quand Flaubert, le gérant de ce radeau de la méduse, me fait un grand sourire et me tend la main : Teddy l'a prévenu par téléphone, c'est pour me prendre à bord qu'il a fait escale à Mbandaka. Je ne me sens pas le cœur à faire le difficile, je ne veux pas le vexer et saisis sa pogne. Qui me hisse d'un coup dans cette galère où empeste une scandaleuse odeur d'essence.

— Dites-moi, le réservoir n'aurait pas une fuite ?

— Non, tranquillisez-vous. C'est juste que nous avons acheté un peu de fuel au Congo-Brazzaville, sur l'autre rive.

Je pose mon sac sur un matelas graisseux, un rectangle de mousse taché d'huile et de reliefs de repas, posé sur des alignements de jerricans jaunes. Flaubert m'explique que chacun de ces bidons contient 25 litres, et qu'ils en ont chargé 500. Nous sommes donc assis sur 12 500 litres d'essence répartis dans des réservoirs pas très bien rebouchés, les vapeurs nous font tourner de l'œil et Flaubert allume une cigarette.

— Bienvenue à bord, monsieur Guillaume.

J'essaie de sourire et de caler mon dos dans ce foutoir. J'énumère mentalement les points positifs : j'ai trouvé une embarcation et je ne suis pas sur le pont supérieur, je serai donc à l'ombre pendant les heures de plein soleil et au sec en cas de pluie. Je pourrai plus ou moins m'allonger pour dormir, au risque de me faire bouffer par la vermine qui doit grouiller dans les anfractuosités de ces immondes matelas. Mais Flaubert a tant chargé sa barque, les bidons prennent tellement de place, ils montent si haut vers le plafond en planches que je ne peux même pas me tenir assis, je dois rester à demi couché. Le capitaine largue les amarres, une chèvre bêle juste au-dessus de ma tête et le mécanicien démarre le moteur, qui se met à pétarader comme deux marteaux-piqueurs. Mon voisin, Sinatra, monte le volume de ses chants religieux sur son transistor à piles. Il est catcheur à Kinshasa – un catcheur pas très costaud, mais vif et volubile. Ses derniers combats lui ont rapporté suffisamment d'argent pour construire une case en parpaing, aussi vient-il chercher sa femme et ses trois enfants pour les amener avec lui à la capitale. Sans transition, il me demande combien de tribus nous avons en France, si je suis gaucher et s'il est vrai que nos enfants possèdent un compte bancaire dès la naissance. Enfin, il voudrait savoir si je pratique le catch.

— Non.

— Ah bon ? Mais pourquoi ?

L'*Arc-en-ciel* cabote à plein volume le long du fatras végétal de la berge, louvoyant en père peinard d'un bord à l'autre pour éviter les hauts-fonds de la Ruki, l'affluent du fleuve Congo que nous remonterons jusqu'à la rivière Tshuapa et jusqu'à Boende. Je me console en contemplant le spectacle sans cesse renouvelé de la nature, arbres colonisés par des embrouillaminis de lianes, buissons démesurés enluminés de fleurs mauves ou roses. Décor fascinant, somptueux, pompeux comme si nous étions à Venise, comme si nous naviguions à bord d'un vaporetto au pied du palais des Doges. Oui, tout me semble grandiose et écrasant, ou bien c'est nous qui sommes minuscules à bord de cette embarcation de fortune qui crapote sa fumée noire. Nous croisons un radeau de grumes volées à la forêt et je ne peux m'empêcher de penser que nous devons faire peur à voir, entassés sur notre vaisseau fantôme. Je retrouve le même paysage de jungle compacte, infinie, observé par le Marlow du *Cœur des ténèbres* depuis sa coque de noix de la fin du XIXe siècle, encore que la nôtre doit être moins luxueuse. Une escadrille de moustiques nous aborde sans sommation, nous nous protégeons les bras, les jambes, les joues, puis le ciel s'assombrit, la surface de l'eau devient grise et se ride et se plisse, comme si elle avait soudain de graves soucis.

— La pluie arrive, gueule Flaubert, qui court sur son esquif pour dérouler les bâches à bâbord et à tribord, délicate attention à l'égard des passagers pour les protéger du déluge.

L'odeur d'essence devient encore plus âcre dans ce confinement soudain, encore plus nauséeuse, mais le point positif c'est que nous ne prendrons pas feu ce soir : je tente de m'endormir, en faisant mine d'être apaisé malgré les marteaux-piqueurs du moteur, les rafales de la tempête, le poste de radio de Sinatra et les membres de l'équipage qui viennent se coucher un à un, tête-bêche, sur mes mollets, sur ma hanche, contre mon épaule, dans un enchevêtrement de ronflements et de transpirations.

•

L'aube s'annonce par des volutes de brume, de fragiles nuances de gris vite remplacées par des pastels, des verts tendres, des roses pâles, des bleus laiteux, et enfin la boule rouge vif du soleil qui s'élève comme un automate sur la forêt primaire, et qui embrase tout. L'*Arc-en-ciel Express* continue sur sa lancée, à la vitesse d'un marathonien en fin de parcours. Nous pissons par-dessus bord, nous nous débarbouillons en nous regardant dans le miroir sans tain de la Ruki. À chaque village que nous dépassons, d'intrépides adolescents pagaient à contre-courant pour nous vendre du gibier de brousse, du serpent, du crocodile, des tortues, tout ce qui se mange : j'achète un poisson-chat que je partagerai avec d'autres passagers et m'assois à califourchon sur la pointe de la pirogue, en figure de proue, les pieds à dix centimètres de l'écume – je les remonte lorsque je vois ondoyer un long serpent noir, leur morsure entraîne la mort en cinq minutes. Je lis les premières pages de *The Last Ape* : d'entrée de jeu, Kano explique qu'il s'intéresse à la capacité des bonobos à vivre ensemble, qu'il est intrigué par leur personnalité. Il ne les considère pas forcément plus intelligents que les chimpanzés, mais certainement plus sensibles et plus sensuels. Ils ont un meilleur sens de l'humour. Kano écrit que, jusqu'au début des années 1980, la forêt de Wamba était un paradis pour ces grands singes. Que la situation s'est dégradée ensuite, la déforestation croissante grignotant leur habitat, les braconniers des villages alentour n'hésitant plus à chasser ces beaux paquets de viande qui peuvent peser jusqu'à 50 kg. Même Mobutu, qui avait pourtant choisi la couleur verte de la jungle comme symbole de son règne, qui faisait de grands discours sur la puissance de la nature zaïroise, même Mobutu avait la lubie d'en capturer de temps en temps. Kano a continué à étudier les bonobos pendant près de trente ans, à les suivre dans la forêt du matin jusqu'au soir, à recenser les fruits qu'ils mangeaient. Il souligne à quel point ces primates sont attachés à la cohésion de leur groupe, se hélant à intervalle lorsqu'ils se déplacent, attendant souvent que le clan soit réuni avant de commencer leur repas. Curieux de tout, il les espionne pendant qu'ils font l'amour, plusieurs fois par jour et dans toutes les positions – missionnaire, levrette, fellation, frottements mutuels de clitoris, gang bang, brouette thaïlandaise –, il les voit même s'embrasser sur la bouche, avec la langue. Les médias en concluront que les bonobos sont de sacrés fornicateurs, ils les surnomment les singes Kamasutra, les hippies de la forêt qui n'hésitent jamais à engager une bonne partie de jambes en l'air pour éviter les conflits plutôt que de se cogner dessus au moindre différend. Tout comme les dauphins, les girafes ou les coccinelles, on les trouvera particulièrement sympathiques.

Il n'est pas 9 heures quand le marteau-piqueur du moteur s'arrête brutalement, au beau milieu de la rivière – la baleinière recule aussitôt, emportée par le courant. Une simple panne, présume Sinatra. Le mécanicien s'affaire autour de l'engin graisseux, il le démonte à toute allure en faisant attention à ne pas se brûler les doigts ni à laisser sombrer une pièce précieuse. Un long palabre commence sur la barge, tandis que le barreur-capitaine nous mène vers les hautes herbes, pour au moins nous immobiliser. Je referme mon carnet, un septuagénaire m'interroge :

— Vous consignez la terrible façon qu'il nous est donné de voyager ?

Le vieux entame une complainte contre son pays où plus rien ne fonctionne. Il en veut aux dirigeants corrompus, au peuple sans initiative, à la rapacité de la communauté internationale, chacun en prend pour son grade. Il regrette l'époque où le Zaïre étincelait comme un diamant, où Kinshasa faisait rêver toute l'Afrique, et me demande ce que je fais là, d'ailleurs, s'inquiète de savoir pourquoi je risque ma vie sur ce cercueil flottant. Je lui réponds que je réalise justement une sorte d'enquête sur ces années bénies, que je cherche à agencer les morceaux de la vie d'un jeune primatologue qui s'est enfoncé corps et âme dans le Zaïre du début des années 1970.

— Eh bien, il n'a certainement pas voyagé aussi mal, assure le septuagénaire, qui se prénomme Constantin.

Avec un vocabulaire choisi, Constantin amorce un soliloque sur les trajets à bord des navires de l'Onatra, l'Office national des transports, quand on pouvait prendre une cabine de luxe avec draps changés et repas au restaurant tous les jours, quand on savait exactement à quelle heure on appareillerait et à quelle heure on arriverait. Et puis tout a foutu le camp dans les années 1980, lorsque Mobutu a compris qu'il ne s'en sortirait pas avec l'économie désastreuse engendrée par ses politiques délirantes. Les navires fluviaux confisqués aux compagnies étrangères lors de la zaïrianisation avaient été rétrocédés aux proches du président, qui n'ont rien trouvé de mieux à faire que de couler la compagnie nationale dans l'espoir aveugle de faire fructifier leurs propres affaires privées. Au-dessus de nos petites têtes qui s'échauffent, le soleil est une épée de Damoclès.

— Le Congo agonise, continue Constantin. Savez-vous que c'est un des rares pays au monde dont la population ne cesse de s'appauvrir depuis les années 1970 ? Tout manque. Même des bonobos, vous n'allez pas en voir. Nous n'avons plus rien, nous sommes complètement à sec.

D'autres voyageurs se joignent à nous sur le pont supérieur, l'un d'eux se souvient des macaques qui gambadaient le long de cette même rivière, dans les années 1970. Aujourd'hui, on n'en voit plus aucun.

— La forêt, nous l'avons exploitée n'importe comment, sans méthode, à part celle des gains à court terme, résume Bodrick. Et ça ne va pas s'arrêter tant que la démographie continuera d'augmenter.

Il est étudiant en sciences de l'environnement, à Mbandaka, il a appris la responsabilité de l'homme dans la destruction des écosystèmes et l'urgence de les protéger, il sait que la jungle est en sursis. Mais les autres passagers ne sont pas du tout d'accord avec son discours et l'accusent de parler comme un Blanc. Ils estiment que la forêt leur appartient, qu'elle est bien assez grande et que les conservationnistes n'ont qu'à aller se faire cuire des œufs. Justement, c'est le moment du déjeuner : une maman a mitonné en bouillon notre poisson-chat, avec une boîte de concentré de tomates, des oignons et du piment. Constantin me tend une bouteille à boire au goulot : goût âpre, relents d'éthanol fumé qui étourdit dès la première gorgée, je tousse comme un débutant. Que boit-on ?

— De l'aguene, notre alcool de maïs. Vous en voulez encore ?

Nous mangeons avec les mains et j'espère que personne n'a le choléra autour de ce plat, ou que l'aguene étourdira au moins les microbes. Nous discutons du rôle de la dot dans les mariages congolais, du mode de vie européen où l'on se couche à pas d'heure puisque nous avons l'électricité le soir et Bodrick voudrait savoir s'il est vrai que les Américains boivent 50 litres d'eau par jour, il croit avoir lu ça dans une étude de l'ONU. Il me demande également ce que cherchait Takayoshi Kano, au juste, en traversant la planète pour étudier les bonobos. Je lui récite ce que je viens de lire dans *The Last Ape* : il venait connaître la vie sociale de ces grands singes, qui sont nos plus proches cousins avec les chimpanzés, il venait se renseigner sur l'origine de l'homme.

— Quoi ? Qu'est-ce que j'entends ?

Un pasteur au physique de gorille me demande si je fais partie de ces évolutionnistes qui refusent d'admettre que l'homme a été créé par Dieu.

— C'est-à-dire que…

— Tu as dit que les singes étaient nos frères ? poursuit le pasteur. Vous avez entendu ? Il a dit que les singes étaient nos frères.

— Je n'ai pas dit les frères, j'ai dit les cousins. Et puis c'était une image. Ce sont plutôt des cousins éloignés, si vous préférez.

Je tente de lui expliquer que nous partageons forcément un ancêtre commun avec ces cousins éloignés, un ancêtre commun qui devait d'ailleurs vivre dans cette même forêt, mais que cela remonte à très longtemps, peut-être 12 ou 13 millions d'années, ce qui représente un paquet de générations quand on fait l'effort de se l'imaginer. Que nous avons aussi partagé un ancêtre commun avec le gorille, tant qu'on y était. Et que des dizaines d'espèces de primates sont apparues pendant ces millions d'années, des dizaines d'espèces d'Hominidés, des Australopithèques, des Anthropopithèques, des *Homo erectus*, des hommes de Neandertal, de Cro-Magnon, des Ostrogoths, chacune de ces espèces s'est créé une histoire en fonction de ses aptitudes, de sa résistance, de ses facultés d'adaptation, de sa capacité à se reproduire et à transmettre ses gènes, la plupart se sont éteintes en cours de route. Les espèces qui ont survécu étaient mieux armées pour se défendre et pour se nourrir ; les hasards de l'évolution les avaient rendues plus aptes à se déplacer, à digérer la nourriture dont elles pouvaient disposer, à s'organiser peut-être. Oui, c'est cela, les espèces évoluent grâce à des hasards, des irrégularités apparues par hasard puisque la vie n'est pas toujours standardisée comme des produits de supermarché, pas calibrée comme les versets d'un livre saint. Des hasards qui fonctionnent une fois sur mille ou sur dix mille, des hasards qui s'établissent sur des temps de plusieurs centaines de milliers d'années, des hasards qui permettent *soudain* à des lignées de se trouver mieux adaptées à leur environnement et de survivre parce qu'elles sont justement mieux adaptées à leur environnement. Elles transmettent à leurs descendants leurs gènes *déviants* qui les rendent plus rapides, plus forts, plus beaux ou plus malins et voilà, 100 000 ans après nous avons une espèce cousine mieux disposée à poursuivre le chemin de la vie.

Le pasteur lève les yeux au ciel : mon explication ne l'a pas convaincu, il me prend pour un demeuré. Il n'a même plus envie de discuter, tiens, il n'y a rien à faire pour les âmes perdues. Et encore, je ne lui ai pas parlé des découvertes génétiques qui tracent plus précisément les liens entre les espèces, je ne lui ai pas dit que nous partageons plus de 98 % de notre ADN avec les bonobos et les chimpanzés. J'ai lu un peu de documentation scientifique ces dernières semaines, je me suis plongé dans ce scénario vertigineux qui implique que la vie sur Terre s'est développée sur plus de trois milliards d'années et qu'elle doit tout au hasard. Qu'aussi bien nous aurions pu rester des bactéries ou des mollusques, ou des chasseurs-cueilleurs comme les Pygmées, que nous aurions pu ne pas inventer la roue, l'écriture, la guitare électrique, les tronçonneuses, que la forêt qui nous entoure s'en moquerait et que même elle préférerait. Le pasteur s'éloigne à l'autre bout du pont avec sa Bible, pour entamer un prêche sur l'obligation de ne jamais s'écarter de la parole de Dieu – ce qu'il y a de bien avec les certitudes rassurantes, c'est qu'elles dispensent de trop réfléchir, elles éludent les raisonnements contre-intuitifs et évitent les blessures d'amour-propre. Constantin me dit que j'exagère, qu'on n'aime pas trop être déstabilisés sur ces questions au Congo.

— Nous avons assez de problèmes comme ça, on ne veut pas en ajouter. Pour tout vous dire, si nous avons adopté la Bible, si nous nous réfugions dans les réponses simples de vos religions, c'est parce que nous ne savons plus trop comment appliquer nos coutumes, le lien aux ancêtres, l'animisme, tout ça nous ne le maîtrisons plus très bien, nous l'avons perdu. Nous ne savons plus où ça commence ni où ça finit. Nous nous en méfions, même. Ça se transforme en sorcellerie parfois, ça fait des morts. Non, vraiment, la Bible est plus simple.

À l'arrière de la baleinière, le mécanicien redémarre le moteur qui, après une valse-hésitation, retrouve son rythme de double marteau-piqueur. Nous pouvons poursuivre notre baguenaude sur les méandres. L'épais nuage noir de l'échappement recommence à tournoyer au-dessus de nous, le moteur résonne sur les deux berges, distantes de 3 kilomètres, Bodrick dit qu'on entend son reflet. C'est l'aventure à petit régime, Mad Max à un train de sénateur. Le soleil cogne trop pour que je le brave en figure de proue, je me tapis sur mon matelas mousse, mais même à l'ombre, la chaleur nous cuit par tous les côtés. Et les vapeurs d'essence nous donnent l'impression de voyager à l'intérieur d'un pot d'échappement. J'ai soudain une idée lumineuse, je m'en veux de ne pas l'avoir eue plus tôt : c'est le moment de prendre une douche.

— Oui, bien sûr, nous avons une salle de bains à bord, me renseigne Flaubert. À l'arrière du bateau. Vous trouverez.

Je remonte sur le pont supérieur en me hissant par la paroi bâbord, les deux pieds au-dessus de l'eau, je passe devant le pasteur qui me fait un signe amical, sans rancune, avec toutefois un voile de pitié dans le regard. Plus je me rapproche du moteur qui pétarade, plus je m'étonne du rapport entre le boucan qu'il génère et notre vitesse déprimante, à croire que l'engin a été conçu uniquement pour faire du bruit. Arrivé à la poupe, je réprime un mouvement de recul : c'est bien ce que je craignais lorsque j'ai vu l'*Arc-en-ciel* pour la première fois, la salle de bains est ce carré de tôles rouillées et noirâtres, situé pile dans les fumées du moteur. Le genre d'endroit où l'on ressort plus sale que lorsqu'on y est entré, avec peut-être le tétanos ou un cancer des poumons, et certainement des germes de maladies neurodégénératives. Le barreur m'accueille d'un large sourire et m'indique un seau d'eau de la rivière, une eau aussi brune que du thé.

— Tenez !

Je prends, pour ne pas vexer. Je remercie et m'approche en tremblant de ce carré inquiétant. Éternel maladroit, je frôle la tôle avec mon bras : pas d'écorchure, mais ma manche de chemise est irrémédiablement souillée. Et quand j'entre avec mon seau, je manque de glisser dans le courant et de périr déchiqueté par l'hélice du moteur : un trou large comme un homme est percé au centre de ce réduit à ciel ouvert, puisque la douche sert aussi de latrines. Je me lave pour le principe, mais vite fait, sans conviction, pendant que les particules de gasoil imprègnent mes cheveux, mes vêtements, ma peau, mes voies respiratoires, mon cerveau.

Je regagne mon espace en titubant, je m'affale sur ma couche étroite et ne veux plus penser à rien. Ou plutôt j'essaie de construire des pensées positives, j'ai lu avant de partir que c'est comme ça qu'il faut procéder si on veut tenir le coup. Je me dis que, OK il pleut le soir et qu'en journée la chaleur est étouffante, OK il y a de la vermine dans mon matelas, OK je ne vais pas me doucher pendant quelques jours, mais cette traversée n'est-elle pas un voyage pittoresque ? Elle est longue, certes, elle est ennuyeuse, monotone, éreintante, dangereuse, inquiétante, tout ce qu'on voudra, mais pittoresque aussi, on ne peut pas lui enlever ça. Il faut savoir apprécier les petits bonheurs, sinon on ne fait plus rien, sinon on ne va nulle part.

Et puis l'*Arc-en-ciel* est abordé par une pléiade d'insectes minuscules, pas plus grands qu'un point.

— Des nkutsis ! s'effraie Constantin.

J'ai envie de lui dire que ce n'est pas la petite bête qui va manger la grosse, mais il s'est déjà précipité vers son sac pour y saisir une paire de chaussettes, qu'il enfile en vitesse. D'ailleurs, tout le monde s'agite dans le pot d'échappement, tout le monde se protège, tout le monde se donne des baffes, la croisière n'a plus le cœur à s'amuser. Les nkutsis sont de redoutables mouches guerrières, presque invisibles, qui vous piquent sans ménagement, vous charcutent l'épiderme dix fois moins proprement qu'un moustique – les démangeaisons arrivent quelques minutes plus tard, elles dureront trois ou quatre jours. Quand elles ont bien mangé, quand elles ont parachevé leur carnage, les mouches repartent en escadrille et nous pouvons recommencer à vivre. D'autant que le soleil décline, que les couleurs retrouvent leur éclat, que l'air devient doux, que tout semble plus facile. Nous sillonnons la dernière forêt primaire de la planète, il suffit d'étendre la main pour la plonger dans l'eau tiède, n'est-ce pas un voyage fabuleux ? Flaubert me promet que nous arriverons dans moins de deux jours et m'assure que tout se passera bien, que le capitaine connaît la rivière comme sa poche. Les étoiles s'allument une à une, elles semblent plus épaisses et plus brillantes que nulle part ailleurs. Oui, dormir à ras de l'eau sous la mécanique céleste, longer la jungle sur un vaillant petit navire n'est-ce pas un luxe, n'est-ce pas une grâce ? Mes chevilles attaquées commencent à me démanger douloureusement : je m'amuse à comparer la constellation de mes piqûres avec celle de la Voie lactée. Je me fais le serment que si nous arrivons un jour à Boende, si nous arrivons vivants, je m'achèterai des chaussettes. Et je dois finir par m'endormir, je rêve au rideau opaque de la jungle que nous longeons jour et nuit, j'y vois une famille de bonobos qui nous scrute, bien cachée derrière les feuilles, se demandant ce que nous pouvons trouver de si avantageux à nous agglomérer ainsi sur ce tronc, à respirer cette fumée couleur nuit qui sent mauvais. Un chuintement me réveille. Un chuintement profond et bref, suivi d'un silence total, puis de jurons éructés par le capitaine. C'est la baleinière qui vient de s'échouer sur un banc de sable. Flaubert n'a pas le cœur à rigoler, il appelle tous les hommes valides pour pousser son rafiot : nous ôtons nos pantalons et descendons à tâtons dans l'eau noire, enluminés par les étoiles.

ARCHIVES DE LA BROUSSE

Janvier 1966, Tanzanie

Ses cheveux tombent dans ses yeux, il secoue la tête pour dégager son regard, approche ses jumelles, scrute le ramage des acacias, fait une moue, rien. Pas de singes. Pas même un papillon. Rien que ces hautes herbes qui ondulent de concert lorsque le vent brûlant les y invite, tel un chef d'orchestre. Takayoshi Kano a 27 ans, c'est la première fois qu'il voyage en Afrique. Il a débarqué sur le lac Tanganyika au mois d'août 1965, avec deux camarades : Toshisada Nishida et Kohsei Izawa. Les étudiants resteront deux ans dans la savane, avec leur professeur Jun'ichiro Itani, à tenter d'observer le comportement des chimpanzés communs. Nishida déposera bananes et cannes à sucre tous les jours au même endroit, les singes prendront l'habitude de venir s'y approvisionner – il sera le seul à obtenir des résultats. Izawa avancera dans les fourrés avec un chimpanzé domestiqué dans les bras, pour intriguer ses congénères, ça ne fonctionnera pas du tout. Kano s'épuisera dans les herbes jaunes de la savane de Filabanga, les joues en feu, les yeux rivés sur l'horizon. Le soir, il mangera du riz bouilli et jouera des airs de flamenco à la guitare.

4

Autodidacte

(28 novembre 1973)

Il arrête sa bicyclette devant la vieille borne coloniale qui indique la ligne de l'équateur – et le soleil ne peut être davantage au zénith puisqu'il est midi. La piste se fend en deux, le broussard japonais déplie sa carte. Plein nord, c'est la route de Befale. Il s'est déjà arrêté dans ce gros bourg lorsqu'il est venu de Mbandaka en voiture, début octobre, il n'avait pas trouvé d'emplacement favorable pour y installer son *observatoire*. En prenant à droite, il rejoindra plus vite la rivière Maringa, qui est un affluent d'affluent du fleuve Zaïre. C'est vers là qu'il veut aller. C'est dans cette partie de la forêt qu'a été prélevé le crâne à partir duquel les scientifiques ont commencé à distinguer les bonobos des chimpanzés. Takayoshi se dit que ça aurait du style, du panache même, de monter un camp d'observation des bonobos dans la région d'origine du spécimen type. Il l'a déjà vu, ce crâne répertorié #RG9338. Il l'a même tenu dans sa main lorsqu'il est allé récolter des informations au Musée royal de l'Afrique Centrale, à Tervuren, banlieue de Bruxelles, pendant son escale en Belgique.

C'est dans un des pavillons de ce prestigieux établissement que le bonobo a commencé à exister aux yeux de la communauté scientifique, en 1928. Jusque-là, on avait à peine relevé que les chimpanzés à face noire semblaient plus sensibles que les chimpanzés à face claire, quelqu'un avait qualifié les premiers de « presque humains », mais aucune étude scientifique n'avait été faite sur leur compte. Ce n'était pas une priorité. La primatologie n'existait pas vraiment en tant que science, l'étude des singes était d'abord un objet de curiosité, un mélange de fascination et de répulsion, les hommes avaient encore du mal à accepter leur parenté avec eux, ils n'étaient pas prêts à assumer la retentissante théorie de l'évolution exprimée par l'Anglais Charles Darwin en 1859. On se demandait encore s'il n'existerait pas plutôt un *chaînon manquant* entre l'homme et l'animal.

En septembre 1928, Harold Coolidge, étudiant en zoologie comparée à l'université de Harvard, se pose un après-midi dans le pavillon des mammifères. Tout juste rentré d'une expédition scientifique au Congo belge, l'Américain vient jeter un œil sur ce dont le Musée royal dispose comme ossements de primates. Des crânes de chimpanzés sont entreposés pêle-mêle dans une caisse, il en sort un plus petit que les autres et son cœur bat plus vite quand il remarque un détail, un détail qui ne parle qu'aux spécialistes, un détail qu'aucun autre spécialiste n'avait noté auparavant : les cartilages sont ossifiés, les sutures de la boîte crânienne sont soudées – ce qui veut dire que la croissance de l'animal est terminée et qu'il s'agit d'un adulte. Un adulte de petite taille. Ce pourrait être un nain. Ou une naine, puisqu'il s'agit d'une femelle. Il farfouille dans sa boîte de crânes, en trouve un autre, petit avec également les sutures soudées, et son cœur de scientifique bat fort à nouveau. Voilà des chimpanzés plus petits que les autres, c'est curieux qu'on ne les ait jamais mentionnés. Coolidge rapporte ses découvertes sur son carnet quand le directeur du musée vient lui annoncer que la salle va fermer, que la journée est terminée, qu'il faut s'en aller maintenant, vous mesurerez une autre fois la taille de nos crânes. Le lendemain, l'étudiant américain doit continuer sa tournée des muséums d'Europe et embarque pour l'Angleterre, où il se rend au British Museum de Londres. Là-bas, nouveaux battements de cœur : il trouve un autre crâne de petite taille, sutures soudées là encore, un crâne prélevé en 1881 dans la forêt de Bongandanga, sur la rive gauche du fleuve Congo. Le jeune homme n'a que 24 ans : il ne sait pas cacher son enthousiasme, il ne peut se retenir d'en parler à un pair, un aîné, un zoologue allemand, Ernst Schwarz, qui est comme lui en visite d'étude. L'Allemand n'avait pas remarqué cette subtilité, bien qu'il soit un habitué des pavillons des mammifères – à Londres, à Tervuren, à Berlin ou ailleurs. Schwarz fait semblant de ne pas trop s'y intéresser, reste impassible, ce n'est pas à un vieux singe qu'on apprend à faire la grimace, mais son pouls bat un peu fort, à lui aussi. Et il rejoint Bruxelles aussi vite que possible, traverse en fiacre la forêt de Soignes et entre en trombe dans le bureau d'Henri Shouteden, le directeur à cheval sur les horaires du musée. Dis donc, tu n'aurais pas vu un Américain l'autre jour ? Si, figure-toi que ce blanc-bec s'intéressait à la dimension de nos crânes de chimpanzés.

Ernst Schwarz ne perd pas de temps pour s'approprier la découverte : il signe une première annonce deux semaines plus tard lors d'une réunion du Cercle zoologique. Puis publie une étude officielle à partir du crâne et de la peau du spécimen type de Tervuren en avril 1929, posant les bases d'une nouvelle sous-espèce de chimpanzé, le *Pan satyrus paniscus*, qu'il appelle aussi le chimpanzé de la rive gauche – un chimpanzé légèrement plus petit que le chimpanzé commun, plus sombre d'aspect, et dont l'habitat semble se cantonner à la rive gauche du fleuve Congo. C'est tout ce qu'on sait pour le moment.

Takayoshi Kano replie sa carte, enfourche sa bicyclette pourpre et se lance dans l'hémisphère nord à vive allure, puisque la piste descend en pente douce. Il caracole dans le velours verdoyant, ému par la démesure de cette jungle excessive à l'opposé des harmonies nippones. Partout où il passe, les enfants lui crient « *Mundele* » ; le Japonais sait que cela signifie « le Blanc » en lingala, il leur répond d'un signe de la main, les gratifie d'un coup de sonnette et continue d'avaler les kilomètres. Ce n'est pas sa première bourlingue en Afrique, on l'a vu traîner dans la savane en Tanzanie, mais c'est la première fois qu'il est lâché comme ça dans la jungle, tout seul, sans filet. C'est un pionnier, mais il n'en a pas vraiment conscience – il voudrait surtout remplir sa mission et on verra pour la suite. Il ignore que ces singes *presque humains* vont occuper le reste de sa carrière professionnelle. Sur sa selle à ressorts, le promeneur solitaire s'émerveille à l'idée de fréquenter ce lieu symbolique dans l'histoire scientifique des *Pan paniscus* et son cœur s'emballe, d'ailleurs c'est fou ce qu'ils font battre nos cœurs, ces singes débarqués sur le tard dans notre imaginaire, dans notre bestiaire mental. La découverte de cette nouvelle espèce de primates anthropoïdes est considérée comme un événement zoologique majeur du XXe siècle, une surprise de taille, un trouble dans les certitudes. Cela paraissait improbable pour des Européens de découvrir une nouvelle espèce de grand singe, un grand singe qui nous soit si proche de surcroît – on ne croyait plus trop au yeti, sauf dans les bandes dessinées – alors que le chimpanzé, le gorille et l'orang-outan étaient connus depuis l'Antiquité, décrits scientifiquement depuis le XVIIIe siècle. En Afrique, les études *in situ* sur les chimpanzés et les gorilles sont menées à partir de la fin des années 1950, avec notamment les observations de Louis Leakey en Tanzanie : le paléoanthropologue britannique fait venir une jolie petite Anglaise aux cheveux clairs ramassés en queue-de-cheval, qui s'appelle Jane, comme dans Tarzan. Avec son air de Peggy sage et son nez en trompette, Jane Goodall gagne une aura médiatique quand elle remarque que les chimpanzés du lac Tanganyika utilisent, comme les hommes, des outils pour chercher leur nourriture – en l'occurrence, une brindille qu'ils insèrent au fond des termitières pour y faire remonter leurs occupantes, dont ils se régalent. Les primates intriguent, ils nous font poser des questions auxquelles on n'avait pas pensé. Ils nous incitent à reconsidérer notre histoire, on leur fait de la place dans la culture populaire. Le film *La Planète des singes*, tiré du roman de Pierre Boulle, obtient un grand succès en 1968 avant d'être décliné en *blockbusters*, séries télévisées, bandes dessinées et jeux vidéo. On joue à se faire peur avec ces bêtes fascinantes que l'on connaît si mal.

Plus on les étudie, plus les chimpanzés se révèlent proches de nous. Dans les années 1970, on se demande même si l'*Homo sapiens* ne serait pas un *troisième* chimpanzé, à côté du chimpanzé commun et du bonobo. Hypothèse de travail. Pourquoi pas. Mais on ne savait rien, on avait tout à apprendre, notamment auprès du bonobo, le singe oublié, le dernier des grands singes. Personne n'avait pris le temps d'étudier ces cousins dans leur habitat naturel, personne ne connaissait ces mammifères longilignes déjà menacés d'extinction, alors qu'on savait marcher sur la lune depuis 1969. En 1954, l'Autrichien Eduard Tratz et l'Allemand Hein Heck publient bien une première comparaison systémique entre chimpanzés à face claire et chimpanzés à face sombre, mais ce travail n'est mené qu'à partir de notes prises au zoo de Munich – c'est dans cette étude que le *Pan paniscus* est pour la première fois baptisé « bonobo ». Heck et Tratz sont surpris par leur comportement sexuel, les chercheurs emploient un langage ampoulé pour dire que ces drôles de zèbres entretiennent un rapport à la chose assez déconcertant. L'année suivante, une expédition menée au Congo belge par le professeur Georges Vandebroek confirme la distribution géographique des bonobos sur la rive sud du fleuve. Explication du scientifique : les deux berges sont trop éloignées pour être rejointes par ces primates qui n'aiment pas nager.

Quand Takayoshi Kano arrive au Zaïre en 1973, on ne sait rien de plus sur les bonobos. On connaît mal leur tempérament, on ne sait pas combien ils sont, on ne sait pas d'où ils viennent ni où ils vont. Tout reste à découvrir. Après l'indépendance acquise en 1960, le Congo connaît une décennie de chaos, ce n'est pas le moment de se risquer dans la forêt. Puis les bruits de mitraillette s'estompent au début des années 1970, le calme revient puisque Mobutu a liquidé tous ses adversaires politiques. Il peut désormais exhiber sans appréhension ses oripeaux de chef d'État mégalomane, toque léopard, canne d'ébène, sceptre vert. Le jeune président veut donner d'autant plus de lustre à son pays que les affaires marchent, les États-Unis achètent ses stocks de cuivre, on dit qu'ils s'en servent pour fabriquer les munitions qu'ils balancent à tour de bras au Vietnam, où ils sont empêtrés dans une guerre lamentable. C'est dans ce contexte que le Congo devient le Zaïre – dans la foulée, tout est rebaptisé Zaïre : la monnaie, les cigarettes, l'hymne national, l'Institut géographique, la compagnie aérienne, les préservatifs. Époque bénie. Mobutu encourage la production de bière, couvre de cadeaux les chanteurs à la mode et invite à Kinshasa ces astronautes américains qui étaient partis sur la lune à bord d'Apollo 11 – il est le seul chef d'État africain à les recevoir officiellement, Neil Armstrong, Buzz Aldrin et Michael Collins le gratifient d'un caillou lunaire. On parle du Zaïre comme d'un nouveau Brésil, le pays fait briller les yeux, tous les espoirs y sont permis. C'est le moment que choisissent les Japonais pour envoyer leur protégé. Pas en kamikaze, mais en éclaireur.

•

Il demande à boire au prochain village. Une très jeune femme aux cheveux artistiquement tressés lui apporte un plein broc, qu'il vide en moins de sept secondes. Le scout nippon échange quelques mots en lingala avec les hommes, pour savoir s'ils voient des bonobos de temps en temps, un vieux raconte qu'on en chassait parfois du temps des Belges, mais qu'on n'en voit plus aujourd'hui, maintenant que les lois de protection de la faune imposées par les colons ne sont plus appliquées, maintenant que des braconniers mercenaires viennent nettoyer des zones entières à la carabine. Kano remonte sur son vélo, deux policiers l'interpellent. Ils sont ivres, l'accusent d'espionnage, le traînent jusqu'au poste. L'étranger montre ses papiers, tout est en règle, visa, ordre de mission, laissez-passer de scientifique. Il voyage au Zaïre depuis quatre mois et deux jours : il est arrivé le 26 juillet 1973 à l'aéroport de Bukavu, dans l'est, avec son collègue Toshisada Nishida, puis les deux hommes ont pris un avion en direction de Kinshasa. Le 16 août, ils embarquaient sur une baleinière en direction de Boende. Un mois plus tard, Toshisada Nishida rentrait au Japon, laissant Kano seul avec un mince rouleau de billets de banque, Bon courage l'ami ! On va quand même faire une fouille, disent les inspecteurs à la manque. Le touriste doit vider son sac, les agents trouvent de la chloroquine contre le paludisme, ils en mettent une tablette dans leur poche, et le touriste pense Accapareurs, tchouk-tchouk-nougats, analphabètes diplômés, mais au lieu d'aboyer son mécontentement, leur fait un sourire, un sourire poli, il a encore beaucoup de choses à apprendre. Les policiers épluchent ses carnets toilés sans se donner la peine de chercher à comprendre ce qui y est inscrit, ça les fatigue d'avance et puis ils sont ivres. Ils secouent l'herbier que le scientifique a commencé à produire, un cahier dans lequel il scotche et classe toutes les plantes ingérées par les bonobos. Ils oublient de lui demander de vider ses poches, ne voient pas sa ceinture de flanelle enroulée autour de son ventre, dans laquelle sont pliés ses derniers billets. Les jaloux saboteurs repèrent trois paquets de cigarettes, les raflent, découvrent une bouteille de Johnny Walker étiquette rouge, se regardent en souriant ; mais Takayoshi ne les laisse pas toucher au grisbi et replace son whisky au fond de son sac en maugréant, il ne faut pas exagérer. Les cerbères tiquent sur ses cartes très précises, qu'ils déplient sur la table du poste de police. Ils tiquent sur son appareil photo et sur les cinquante rouleaux de pellicule, n'est-ce pas du matériel d'espionnage ? Et ces jumelles, à quoi servent-elles ? À regarder les singes, imbéciles. À distinguer plus précisément d'où nous venons.

ARCHIVES DE LA BROUSSE

Premières expéditions

Très peu de Japonais avaient voyagé en Afrique avant les années 1960. Quelques commerçants sans doute, à la fin du XIX*e siècle et au début du* XX*e, lorsque l'empereur Mutsuhito rouvre au monde son archipel après plus de deux siècles d'isolement. Mais les échanges se tarissent à nouveau quand le Japon s'engage dans la Seconde Guerre mondiale. C'est avec les primatologues de l'université de Kyoto que s'établissent des déplacements réguliers à destination de l'Afrique. Les premières expéditions sont menées en 1958 par les professeurs Kinji Imanishi et Jun'ichiro Itani : ils commencent par chercher un emplacement pour observer les gorilles, avant de se rabattre sur les chimpanzés de Mahale, en Tanzanie. Les deux hommes révolutionneront les études de terrain en s'intéressant à la personnalité des singes, dans la continuité de leurs observations menées auprès des macaques japonais de l'île de Kojima à la fin des années 1940.*

5

Cow-boys de la route

(7 & 8 octobre 2016)

Après trois jours d'étuve à contre-courant, nous avions eu l'impression de toucher la Terre promise en arrivant à Boende. La rivière s'était rétrécie progressivement, mâchoire végétale menaçant d'engloutir notre précaire équipage ; puis Sinatra, mal attifé pendant tout le trajet, avait enfilé un impeccable pantalon blanc et un tee-shirt à l'effigie de Rambo, deux hirondelles améthyste avaient frôlé la rivière en rase-mottes et le chef-lieu de province nous était apparu comme un Graal après le dernier méandre – un amas de bicoques, en fait, coiffées de tôles rouillées, agencées sans ordre ni grâce, aplaties sous de volumineux nuages pleins comme des outres. Nous avions débarqué de l'*Arc-en-ciel* dans une joyeuse pagaille, j'avais convenu avec Bodrick que nous nous reverrions un peu plus tard, après que j'aurais présenté mes hommages à la Direction générale des migrations, cela pouvait prendre un temps indéterminé.

J'avais marché dans des rues de terre et de boue au côté de Pascal, le fonctionnaire qui m'avait épinglé à la sortie du débarcadère. Nous avions longé quelques débits de boissons et beaucoup d'églises de réveil aux noms qui chantaient, comme La-Trompette-de-l'Éternel ou le Tabernacle-de-la-voix-de-l'époux, il s'était mis à pleuvoir, nous avions terminé notre route à l'arrière d'une moto que l'officier avait hélée et qui s'était arrêtée aussitôt, le prestige de l'uniforme, tout cela pour finir devant une villa dont le perron n'avait plus de marches – il avait fallu avancer en équilibre sur une planche pour nous mettre au sec dans un bureau salpêtré. Pascal avait dû ressentir la nécessité de se donner une prestance avant d'entrer dans le vif du sujet, puisqu'il m'avait affirmé sans rire, du moins je ne crois pas, que nous étions dans un bâtiment chic, ici.

— Maintenant, dites-moi ce qui vous amène à Boende.

Quand nous en terminons avec les formalités, la nuit a englouti tout le décor : le fonctionnaire Pascal m'indique un hôtel « chic » qui possède un groupe électrogène. Chambre étroite, meublée seulement d'un lit, et possibilité de se doucher en portant un seau d'eau froide jusqu'au cagibi de bambous au fond de la cour, sans plaques de tôle rouillée, sans vapeurs de gasoil, sans risque de glisser et de se noyer. Le *chic*, effectivement. Le grand luxe. Je prends. Récuré, les idées claires, les yeux en face des trous, j'énumère les araignées postées sur le mur de ma chambre : j'en compte onze, grosses comme, disons, une oreille de bonobo. L'hôtelier m'informe qu'il regrette, mais qu'il n'a rien à me servir à manger ce soir et que je ne trouverai pas de restaurant à cette heure tardive, Il est 19 heures, vous comprenez. Je me console en me disant que c'est le meilleur moment pour téléphoner à ma fille, je n'ai pas pu lui souhaiter son quatrième anniversaire pendant que nous naviguions. Mais impossible de passer le moindre appel puisque Boende s'éteint à la nuit tombée : même le réseau téléphonique est débranché. À bord de l'*Arc-en-ciel*, Bodrick m'avait averti : ici, on se lève deux heures plus tôt qu'à Kinshasa et on se couche quatre heures plus tôt. J'ai à peine le temps de m'apitoyer que voilà justement Bodrick – qui n'a eu aucune difficulté à retrouver le *Mundele* fraîchement débarqué. Bonne nouvelle, il m'a dégoté une moto pour rejoindre Wamba, avec un chauffeur qui connaît la route comme sa poche. Et ce n'est pas tout, mon compagnon de baleinière m'invite à dîner chez ses parents, un couple adorable, amoureux, modeste et brillant. La maman nous sert du poisson avec du foufou, la pâte de manioc sans laquelle un repas n'est pas un repas au Congo. Nous nous rassasions en compagnie de Colbert, doux dingue qui formule une nouvelle idée toutes les deux minutes, qui vise l'année 2021 pour se présenter en candidat unique à l'élection présidentielle – il interdira toute opposition, puisque l'histoire montre que l'opposition ne crée que des problèmes aux gouvernants, et la capitale sera transférée à Bosango, son village natal. Il lit tout, s'intéresse à chaque publication qui lui tombe sous la main, sort de sa mallette un *Paris Match* de 1999, un prospectus pour du matériel agricole, des fascicules de propagande religieuse, quelques pages consacrées aux poètes du XIXe siècle arrachées d'un manuel scolaire, il me montre aussi des ébauches de roman, car il est écrivain et tient à le montrer : il déplace son assiette, décapuchonne pompeusement son stylo, pose son poing quelques secondes sur son front puis lève le doigt pour signifier qu'il a trouvé une idée importante, claironne maintenant qu'il rédige son programme électoral et nous intime l'ordre de baisser le ton dans nos rigolades, de ne pas parler si fort, sa candidature doit rester secrète. Quelques minutes après, il change d'avis et voudrait que je le photographie pour que l'Europe connaisse le visage du prochain gouvernant de la République démocratique du Congo. Comme tous les fous civils, il ne raconte que des choses graves, il faut prendre au sérieux son esprit en ébullition : n'exprime-t-il pas le besoin de changement politique du peuple congolais ? Les élections qui devaient avoir lieu cette année ont été reportées *de 550 jours*, l'actuel président préférant que le scrutin n'ait pas lieu, désireux de se maintenir dans son fauteuil de chef, parce que c'est agréable d'être le chef, et parce que vos ennemis ne vous rateront pas à votre départ, ni le peuple ni la communauté internationale. Colbert dit encore qu'il remettra de l'ordre dans le pays, que Mobutu a tellement pillé du temps de son interminable mandature que les gens ne sont plus honnêtes, que les Congolais ont perdu cette qualité, mais que lui Président, il ferait tout pour remettre cette honnêteté à l'honneur. Il cite le pamphlétaire autrichien Karl Kraus : « La bêtise n'est pas l'absence d'intelligence, elle est l'absence d'imagination. »

•

Joël m'attend à 7 heures au guidon de sa Haojin bombée, une chinoise de couleur rouge. J'enfile la chemisette que j'ai savonnée à l'aube et qui n'est pas encore tout à fait sèche, je boucle mon sac, nous zigzaguons entre les ornières jusqu'à l'embarcadère et traversons la Tshuapa à bord d'une modeste pirogue – le bac amené par les Belges est cassé depuis belle lurette, il rouille dans les roseaux à côté de trois autres épaves. Ce jour-là, j'ignore encore que c'est sur cette même piste qu'a pédalé Kano quarante-trois ans plus tôt, mais à bien regarder les cartes, il n'y avait pas trente-six solutions pour que nos trajectoires concordent. Joël m'amènera jusqu'à Djolu, distante de 300 kilomètres, puis je me débrouillerai pour gagner le village de Wamba.

Nous nous y jetons à corps perdu nous aussi, au milieu des papillons et des libellules, à vive allure tant que la piste est à peu près praticable, puis les ennuis commencent. Le sentier est traversé par de vigoureuses rigoles plus larges que des hippopotames, nous franchissons certaines à gué, en mouillant nos bas de pantalons, puis nos genoux, puis nos cuisses. Intrépides feux follets, nous bouffons poussière, boue et kilomètres dans l'exubérance brouillonne de ce jardin originel, dans cette oasis de verdure que l'homme cherche à retrouver depuis les temps bibliques. Une main posée sur l'épaule de Joël, une autre soutenant le jerrican d'essence serré contre mon dos, j'admire le paysage comme au cinéma, en anticipant les bosses impromptues et les trous désordonnés de ce mauvais ruban de latérite, en rêvassant au champ lexical de ce biotope extraordinaire, en méditant sur l'aube du monde et les intentions de Takayoshi Kano, en théorisant sur la condition d'écrivain, et c'est là que nous manquons de périr engloutis dans un torrent dont les berges, paraît-il, grouillent de crocodiles. Joël s'est engagé sans calcul sur ce pont de brousse, ouvrage décati constitué de planches vermoulues : l'une d'elles cède, puis une seconde, puis une troisième et, dans un terrible rugissement de moteur, la roue arrière s'enfonce au-dessus du tumulte aquatique. Si une quatrième latte s'était brisée, si une cinquième latte s'était fendue, nous aurions sombré dans l'écume 6 mètres plus bas. Par je ne sais quelle opération du Saint-Esprit, j'arrive à m'éjecter de mon siège et nous portons la moto à bout de bras pour la remettre à niveau. Elle redémarre, Joël sourit de soulagement, chausse ses lunettes de soleil et dit qu'il ne faut pas traîner, que nous avons beaucoup de route à parcourir.

Joël est un épatant conducteur, guère épais, mais vif, hardi, fiable et téméraire. L'étroit mousquetaire porte une fine moustache et voyage sans bagages, il trimballe à peine une trousse à outils et une paire de tongs qu'il glisse dans l'entrebâillement de ses bottes en caoutchouc trop larges pour ses mollets de coq. Au début, nous parlons peu. Il est concentré sur la route, il fait le job. Puis il se raconte aux étapes, m'annonce qu'il possède 29 années et qu'il est père de deux enfants. Je lui réponds que cela tombe bien, moi aussi – et ma femme est Congolaise, ne te l'ai-je pas encore dit ? Je l'ai épousée dans cette même jungle, dans la province que l'on appelait le Bandundu il y a quelques années. C'était également un Joël qui nous avait accompagnés dans cette escapade, une escapade enchantée que nous avions accomplie chez les Pygmées pour aller les saluer et finalement nous marier au débotté. Je fais confiance aux Joël pour les aventures éblouissantes.

Il est midi lorsque nous franchissons la ligne de l'équateur et que nous bifurquons sur la droite, pour rejoindre la Maringa. Takayoshi Kano n'a trouvé aucune trace de bonobos sur cette portion de route, puisqu'ils ont tous été exterminés. Sa chaîne déraille, il consulte ses cartes, un agent dépenaillé essaie de lui soutirer un extravagant matabiche, l'étranger se défend avec tout le lingala qu'il connaît et note sur son carnet : « Plus l'officier est incompétent, plus il cherche à créer des problèmes. » La plupart des pays s'améliorent d'année en année, ils progressent, bitument leurs routes, construisent des écoles ou équipent des hôpitaux, ils se facilitent la vie. Le Congo empire. Depuis le premier passage de Takayoshi Kano en 1973, cet État mastodonte est en phase de délitement perpétuel. L'économie se disloque jour après jour, d'abord rafistolée par des bricolages et des rustines, maquillée par de la poudre aux yeux, perfusée par des emprunts internationaux sous Mobutu. Plus tard, on découvrira que le Président maréchal aura amassé une des plus grosses fortunes mondiales, que ses comptes en banque contiendront à peu de chose près la somme des subsides accordés au Zaïre. Et son pays gigantesque n'aura plus guère d'écoles, plus guère d'universités, plus guère de routes, plus de services publics.

Quand nous arrivons à Samba, hameau bâti sur la rive gauche de la Maringa, hameau misérable malgré son nom si prometteur, un agent de la DGM vénal et bas du front nous retient dans sa case en espérant que nous lui laisserons rapidement une poignée de billets afin de poursuivre notre course, *ne fût-ce que dix dollars*, mais nous n'y tenons pas – je préfère en profiter pour contempler la rivière qui s'écoule paisiblement, comme dans un tableau fauve où l'on distinguerait jusqu'aux vibrations de l'air, avec jeux d'ombres et miroitements de lumière. Et puis le fonctionnaire se lasse avant nous de notre présence dans sa bicoque : il nous autorise à repartir, gratuitement. Nous traversons en pirogue la Maringa, large d'un demi-kilomètre, ensuite la piste se resserre, se resserre encore, ne devenant plus qu'un sentier bouffé par la flore monstrueuse. Des feuilles colossales nous égratignent les cuisses et les frondaisons des arbres montent à 40 mètres, nous devons nous contenter des miettes de soleil que ces géants veulent bien laisser filtrer. Plus loin, les herbes à éléphant nous fouettent le visage et nous lardent les bras, Joël chante en faisant des pointes à 35 kilomètres-heure, mais ça ne suffira pas à nous mener à bon port avant la nuit. Au crépuscule, il arrête sa moto dans un village : les enfants jouent sous les manguiers, trois hommes palabrent dans la lumière déclinante, l'un d'eux s'avance, sait-il où nous pourrions passer la nuit ?

— Ma maison vous est ouverte.

Malgré sa silhouette décharnée, usée par les travaux des champs, malgré ses dents en moins, malgré son bermuda rapiécé mille fois et sa chemise élimée, Papa Simaro est digne comme un roi, il en a la prestance naturelle et son regard illumine. Nous le suivons dans un lacis de sentiers jusqu'à sa maison, qui est une case en terre chapeautée d'un toit en feuilles, nous nous asseyons dans sa cour bordée de caféiers. Nous dormirons ici, nous assure encore Papa Simaro. Et nous mangerons ici, son fils Jérémie va tuer une poule. La nuit s'installe, nous goûtons à cette harmonie pastorale qui nous apaise après le tumulte du moteur, après les suées de la route, les frayeurs, les chaos, la faim et la soif. Nous sommes à Bokutola, une ancienne plantation belge où les villageois continuent de cultiver du café et de l'huile de palme. Jérémie voudrait savoir quel bon vent nous amène, je lui parle des bonobos. Le jeune homme s'exclame :

— Ça alors ! On en a eu il n'y a même pas une semaine ! Ils sont venus nous rendre visite du haut de leurs branches, ils sont apparus à la lisière de la plantation, ils étaient cinq, je les ai vus moi-même.

Des dizaines d'yeux clignent autour de nous : ceux des enfants du village, attroupés autour de notre cène qu'une lampe-tempête éclaire tant bien que mal. Nous poursuivons notre conversation comme si nous donnions une représentation théâtrale. Le fils et le père sont deux intellectuels qui n'ont pas vraiment eu d'autre choix que de travailler aux champs pour subvenir aux besoins de leur famille, ils se montrent intrigués d'apprendre que ces cousins des chimpanzés ne vivent que dans leur pays. Comme l'okapi, remarque Jérémie, en faisant référence à cette antilope au pelage zébré avec une tête de girafe – oui, et comme le gorille des montagnes, comme les éléphants de forêt, comme les becs-en-sabot et toute une faune en sursis ou déjà disparue. Papa Simaro n'est pas certain de connaître les différences entre chimpanzés et bonobos, il voudrait que je les précise.

Elles sont minimes, en fait, ces deux lignées de primates se sont séparées il y a seulement 2 ou 3 millions d'années, ce qui représente une broutille à l'échelle de la vie sur Terre, à l'échelle des mammifères qui ont commencé à se développer après l'extinction des dinosaures il y a 66 millions d'années. Les chimpanzés se sont répandus dans les forêts qui couvrent l'Afrique jusqu'au Sénégal, et les bonobos sont restés piégés sur la rive gauche du fleuve Congo, dans cette immense demi-boucle en forme de fer à cheval où nous sommes plongés ce soir. Sur la terre argileuse de la cour, à la lueur de la lampe à pétrole, j'essaie de dessiner un arbre généalogique à l'aide d'un bâton. En simplifiant, et avec des à-peu-près, en laissant de côté les innombrables tentatives d'évolution qui se sont évaporées ou qui n'ont jamais abouti, l'ancêtre commun des chimpanzés, des gorilles ou des orangs-outans vivait dans la jungle africaine il y a 20 millions d'années. C'était déjà un singe anthropoïde : il avait des mains, il avait des ongles à la place des griffes, il n'avait pas de queue. Il y a environ 16 millions d'années, alors que la forêt s'étendait sans discontinuité du continent africain à l'Extrême-Orient, les primates qui avaient migré sur le continent asiatique ont entamé une évolution séparée : on voit se développer la branche des gibbons et celle des orangs-outans. En Afrique, la branche des gorilles se démarque un peu après, ils deviendront de costauds mais débonnaires brouteurs de feuilles. La branche des chimpanzés a continué à se perpétrer dans toutes les forêts africaines, et les scientifiques disent que c'est à partir de cette branche des chimpanzés que le bonobo s'est détaché. Et l'homme aussi, au passage. Selon le niveau actuel des connaissances, on estime que la lignée de l'homme moderne a divergé de notre ancêtre commun il y a 12 millions d'années – elle donnera naissance aux australopithèques, comme notre mamie Lucy, dont on a retrouvé une partie du squelette en 1974, un squelette qui datait de 3,5 millions d'années, ou comme l'homme de Toumaï, dont l'existence remonte à 7 millions d'années au bord du lac Tchad. Il y a 2 millions d'années, pendant que chimpanzés communs et bonobos commençaient leur processus d'évolution divergent dans ces deux biotopes séparés par le fleuve Congo, on présume que sont apparus, à peu près en même temps, l'*Homo habilis* et l'*Homo erectus* – qui savaient fabriquer ou en tout cas utiliser des outils, qui étaient à l'aise avec la bipédie. D'autres lignées d'*Homo* ont continué d'apparaître par la suite, les hommes de Neandertal par exemple, dont on a retrouvé dernièrement des traces vieilles de 250 000 ans en Europe. La lignée des *Homo sapiens*, celle des hommes contemporains, remonte à plus de 200 000 ans, peut-être 300 000 ans, peut-être davantage. Papa Simaro m'arrête :

— Mais monsieur Guillaume, vous ne répondez pas à ma question. Quelles sont les différences entre les bonobos et les chimpanzés ?

Je lui répète le peu que je sais. On les a longtemps confondus, mais il existe pourtant des différences. Des différences physiques, les bonobos ont le visage plus noir, ils ont une charpente plus gracile, ils sont naturellement coiffés avec une raie au milieu, mais c'est surtout leur regard pénétrant qui marque ceux qui les ont rencontrés, on dit qu'ils vous transpercent l'âme de leurs grands yeux interrogateurs, qu'on n'en revient pas indemne.

— Et à propos de leur sexualité, demande Jérémie, il paraît que… qu'ils… Enfin, vous voyez ce que je veux dire ?

— Non, où voulez-vous en venir ?

— Eh bien, euh, des amis m'ont raconté qu'ils avaient, comment dire, euh, un appétit sexuel remarquable.

•

Les hommes hochent la tête, la poule arrive, bouillie. Sur le sol argileux, mon arbre généalogique ressemble à un fourré inextricable. Au-dessus de nous, les feuilles frémissent aux coups de tonnerre des orages lointains, dont la lumière stroboscopique produit des halos lumineux à l'horizon. Les vers luisants clignotent autour de nos assiettes, nous dînons hypnotisés par leurs zigzags évanescents. Enfin, Papa Simaro nous offre sa couche – une natte posée sur un châssis de planches inégales, bas comme un tatami japonais. La pièce grouille de crépitements furtifs, de grincements, de chuintements, le mur de terre est couvert d'araignées de toutes envergures. Si j'allume ma lampe frontale, je vois leurs yeux luire comme des diamants.

— Ne regarde pas sous le lit, conseille Joël, qui s'allonge à côté de moi. Ça t'empêcherait de dormir.

ARCHIVES DE L'HUMANITÉ

Arbre généalogique des primates

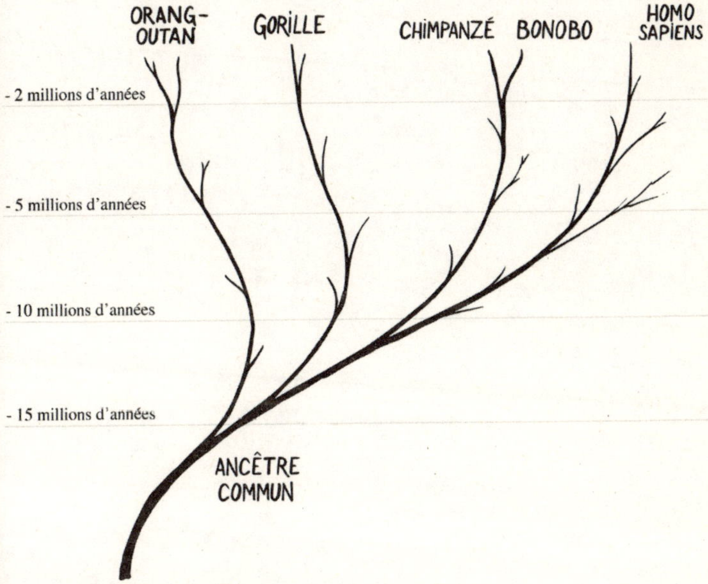

6

Mussolini de carnaval

(9 octobre 2016, 30 novembre 1973)

Nous évoluons plein gaz dans les chaleurs du cocon originel, fourrageant sans barguigner dans le vagin torride de cette jungle toujours plus touffue, toujours plus étouffante. Nous n'avons peur de rien, excepté des serpents qui se prélassent en majesté sur les bas-côtés de la piste, nous nous protégeons les yeux quand les herbes folles du bord de route nous cinglent le visage. Nous nous arrêtons aux sources, boire quatre ou cinq goulées d'eau claire, pas davantage, et repartons aussi sec. Si un insecte se loge dans mon œil, Joël estime que ce n'est pas grave, ça passera, qu'on ne peut s'arrêter pour ça. Nous traversons des hameaux sans apprêt, trente cases, une place de terre rouge ombragée par deux ou trois manguiers, un temple ou une église, chaque village semblant avoir sa religion dominante – témoins de Jéhovah, brahmanistes, kimbanguistes, catholiques, protestants, pentecôtistes, etc. Je voulais un prétexte pour m'aventurer loin dans la jungle, le plus loin possible sous cette canopée qui grouille de vie et d'histoires et qui m'aimante depuis des années : la destinée inouïe de Takayoshi Kano m'offre l'occasion de m'y enfourner tout entier. Seulement, à l'arrière de la moto, je me demande maintenant si mon projet de raconter la vie de cet homme si discret n'est pas présomptueux. C'est un modeste, un silencieux : il est Japonais, ne l'oublions pas. Ce n'est pas un hâbleur, pas un aguicheur, pas un matamore, pas un brodeur. Il ne glose nulle part sur ses prouesses équatoriales. Dans *The Last Ape*, il note simplement qu'il s'en va évaluer la population des bonobos, qu'il vient s'assurer que ces primates en danger d'extinction n'ont pas tous disparu, mais donne peu de détails sur sa longue quête d'un emplacement idéal – ce n'était pas une mince affaire, il fallait avoir des mollets musclés : le territoire des *Pan paniscus* s'étend sur une superficie d'au moins 150 000 km^2. Au cours des quatre mois passés à explorer cette prodigieuse futaie, Kano s'arrête dans deux cents hameaux. Il obtient rarement des informations fiables, mais évalue tout de même le nombre de bonobos à 100 000 individus. Quarante ans après, ils sont moins de 10 000, tant ils ont été chassés par les braconniers, tant leur habitat s'est réduit du fait des concessions forestières et de la prolifération des hommes – le Zaïre était peuplé de 22 millions d'habitants en 1973, la République démocratique du Congo en compte aujourd'hui 100 millions.

Takayoshi Kano, on ne sait pas vraiment expliquer pourquoi il est si discret, ni pourquoi il a fermé ses volets après sa retraite au début des années 2000. On entend dire qu'il a eu des soucis de santé, on apprend qu'il a fait une rupture d'anévrisme en 2008 et qu'il a mis du temps à retrouver l'usage de la parole, on sait qu'il va mieux maintenant. Mais je ne peux qu'échafauder sa vie. Je ne peux que me le figurer pédalant sur ce même chemin de brousse, souriant aux papillons, s'abreuvant de l'eau des sources, s'y baignant parfois, s'y lavant le soir, libre comme un bohémien. Il prend un adolescent en photo, un chasseur armé d'un arc et de quatre flèches, vêtu d'un cache-sexe comme Tarzan, qui vient de darder un macaque – le scientifique lui demande s'il croise des bonobos de temps en temps, mais on n'en voit pas ici non plus, alors il continue sa route. Il a faim, souvent, resserre de deux crans la ceinture de son pantalon, pédale en danseuse lorsqu'il s'agit de grimper une nouvelle côte. Il arrive épuisé dans le bâtiment en briques de la mission catholique de Monpono, on lui sert un dîner composé de foufou et de chenilles braisées, il avale six avocats et en aurait bien mangé un septième et un huitième si le curé, un Belge, en avait eu d'autres à lui proposer. Personne n'a entendu parler de bonobos dans les environs, et le curé a d'autres chats à fouetter : nous sommes le 30 novembre

1973, le jour où le président Mobutu inaugure pour de bon sa politique de zaïrianisation, son grand œuvre raté. Jusqu'à présent, l'homme d'État avait signé quelques lois préliminaires visant à écarter les étrangers de la vie économique, mais cette fois, les expropriations vont être menées *subito presto*, c'est officiel, les informations radiophoniques viennent de le confirmer. L'intention est louable, mais la façon dont elle est appliquée laisse présager un désastre : au lieu de réorganiser l'économie, Mobutu ne fait rien d'autre que confisquer les entreprises aux Belges, aux Portugais, aux Néerlandais, aux Grecs qui faisaient tourner les machines depuis quelques décennies. Il s'approprie les unités de production, ou bien il les rétrocède à sa famille, aux membres de son village, aux amis, aux officiers de son armée, tous ces gens qui n'en demandaient pas tant et qui vont se distinguer par leur incompétence, par leur égoïsme, par leur désir brusqué de s'en mettre plein les poches – au moment où il aurait été peut-être plus profitable d'investir dans de nouveaux ateliers, de privilégier l'agriculture locale, d'encourager la transformation des matières premières, de renforcer les moyens accordés à l'éducation, de valoriser les services publics, de voir à long terme.

Comme beaucoup de pays cette année-là, le Zaïre est touché par la hausse du prix de l'essence, puisqu'a eu lieu le premier choc pétrolier. Il subit aussi la baisse du cours du cuivre, la croissance n'est plus aussi fulgurante que les années précédentes. Tout ce que les colons belges avaient construit commence à fléchir, les camions ne sont plus réparés, les plantations sont laissées à l'abandon, les mines et les usines se délabrent. Le Zaïre qui faisait briller les yeux de toute l'Afrique va bientôt inquiéter ses voisins. Ce 30 novembre 1973, le curé de Monpono s'énerve contre ce gâchis à la graisse de renoncule, s'emporte contre les manœuvres que le Mussolini de carnaval emploie pour affaiblir l'Église catholique, jusque-là dominante. Il dit que le Zaïre fait sa crise d'adolescence, ajoute que c'est la faute aux Chinois et Kano ne comprend pas bien où il veut en venir. Le curé estime que le Président singe Mao Zedong, qu'il essaie de faire sa révolution culturelle à la manière du Grand Timonier de la Chine communiste : Mao avait son petit livre rouge, Mobutu fait éditer un *Petit livre vert*, dans lequel on trouvera ses maximes les plus *pertinentes*. Il calque le *Jukong* chinois pour ordonner le *Salongo*, journée hebdomadaire de travaux d'intérêt collectif sur tout le territoire national. Les Zaïrois doivent subitement s'interpeller en se donnant du « citoyen » comme les Chinois se donnent du « camarade ». Depuis le début de l'année 1972, les prénoms chrétiens ont même été bannis, remplacés par des prénoms *et des postnoms* locaux – il paraît que cette mesure n'était pas prévue au programme, qu'elle a été improvisée pour répondre aux sarcasmes de la presse belge qui se demandait pourquoi Joseph-Désiré Mobutu ne changeait pas son état civil, lui qui était si déterminé à se détacher de tout ce qui pouvait rappeler l'Occident : qu'à cela ne tienne, le *Léopard du Zaïre* les prend au mot, se faisant appeler Mobutu Sese Seko Kuku Ngbendu Wa Za Banga (Mobutu le guerrier qui va de victoire en victoire sans que personne puisse l'arrêter). Dans la foulée, il impose aux habitants de se débaptiser à leur tour. Ah, il ne fallait pas le chauffer. Il impose également l'*abacost* (« à bas le costume ») pour remplacer le deux-pièces cravate des Occidentaux, c'est-à-dire que les *citoyens* devront désormais porter un veston à manches courtes, influencé là encore par les tenues du Parti communiste chinois ; et les *citoyennes* devront sortir en pagne, un point une barre. Ces mesures ne suscitent pas beaucoup d'enthousiasme chez les Zaïrois : on les tourne en dérision, on s'invente des prénoms fantaisistes, on s'appelle Toutankhamon, Gengis Khan, Vercingétorix, Ben-Hur, Ramsès, Génie, on continue de s'habiller de manière inauthentique, en cachette – on dit que cette sédition a contribué à développer le mouvement des *sapeurs*, dandys équatoriaux qui subliment une garde-robe 100 % occidentale.

Kano se retient de bâiller, demande pardon, il a encore beaucoup de route à faire, c'est aux bonobos qu'il pense. Il ne sait rien, il est comme un enfant, bardé de questions, et n'entrevoit aucune réponse pour le moment, il n'a que son herbier et quelques rouleaux de pellicule pour les souvenirs. Il ne sait pas encore à quel point ce primate à des choses à nous apprendre, mais il en a l'intuition.

•

Au guidon de sa Haojin, Joël s'impatiente lui aussi, d'autant que l'on vient d'apprendre que nous entrons seulement maintenant dans la partie difficile du chemin. Le relief va s'accidenter, la piste se creuser davantage, nous aurons des ravines, nous aurons des ornières, des rivières nous entraveront. Le vent tiède ne suffit pas à modérer les attaques du soleil, la moto valdingue de bosse en bosse et, même si j'ai une confiance aveugle dans la conduite ferme et précise de Joël, je dois m'accrocher à mon siège si je ne veux pas finir dans ce décor bigarré. Un étang a débordé, il inonde le sentier sur une longueur de 150 mètres, Joël dit À la guerre comme à la guerre et engage sa bécane dans l'onde noire, devinant la route au petit bonheur la chance. Nous nous effrayons de certains ponts qu'il faut passer en équilibre sur un seul rondin, Joël marchant devant, à reculons, tirant sa moto, moi poussant derrière – il suffirait que nous déviions de trois centimètres pour que les 100 kg de ferraille tombent d'un trait dans l'onde, et nous avec, qui pourrions alors dire au revoir à cette excursion chez les quadrumanes et à pas mal d'autres choses, certainement.

Pour le moment, nous voyons surtout des araignées, quelques serpents argentés, des lézards, une civette à la peau tavelée comme celle d'un léopard, des aigles, des grenouilles, des chauves-souris le soir et des théories d'insectes à tout moment. Une moto nous croise, qui fait la route en sens inverse : les deux chauffeurs échangent quelques salutations, il en ressort que nous n'allons pas vers la facilité. Le ciel se couvre d'un mauvais gris, les nuages grondent comme des tam-tams de guerre. Nous avons le temps de passer un dernier pont, puis un rideau de pluie fond sur notre chemin de croix et la piste se transforme en torrent. Cœur vaillant, Joël poursuit sans se laisser impressionner, mais nous ne pouvons bientôt plus avancer dans ce déchaînement céleste. Alors un miracle survient – sous la forme d'une case, puis d'une autre. Un village. Nous bifurquons sans méthode vers l'abri le plus proche, appuyant la Haojin contre un mur d'adobe et nous invitant sans toquer à l'intérieur de la première hutte. Le toit de chaume nous protège des trombes et Saddam, le jeune garçon qui nous accueille, nous invite à nous asseoir sur ses deux chaises en osier qu'il a tressées lui-même. Nos respirations sont saccadées, nous enlevons nos chemises pour les essorer, l'orage redouble et le déluge tropical rend tout mélancolique : c'est la dépression au-dessus du jardin d'Éden. Joël se cale sur son siège, répète À la guerre comme à la guerre et accepte la cigarette que Saddam nous tend, c'est tout ce qu'il a à nous offrir. Un tison l'allume, Joël savoure sa première bouffée et m'annonce qu'il avait arrêté de fumer depuis deux ans, mais qu'il sent qu'il va avoir besoin de renouer avec ce plaisir funeste et réconfortant pendant la durée de notre voyage. La matinée s'écoule dans les fracas de l'ondée, il n'y a rien d'autre à faire qu'à regarder le paysage par la fenêtre sans carreaux : un bananier, deux palmiers, une cour transformée en mare, quelques cases en face. Saddam nous apprend que ce village a été construit dans les années 1930, quand sa tribu s'est enfoncée loin dans la forêt, sûrement poussée d'une manière ou d'une autre par les colons belges, et que personne n'a vu de bonobos depuis des années. D'ailleurs, Saddam est persuadé que ce ne sont pas des bonobos mais des chimpanzés que l'on devrait s'attendre à trouver. Il est même catégorique, il est d'ici, sait mieux que nous et ne veut même pas en discuter, puis se ravise et demande à Joël ce qui différencie un bonobo d'un chimpanzé, au juste. Nous nous attendions à vivre une journée de cauchemar, nous sommes finalement installés plutôt confortablement dans la pénombre d'une case parfumée au feu de bois, à parler de colonisations et de primatologie, à regarder nos ongles, qui sont sales, à avoir faim, mais Saddam n'a rien à nous offrir à manger. Nous resterons bloqués trois heures sous son toit, jusqu'à ce que la pluie cesse – aussi soudainement qu'elle est arrivée. Le soleil se met alors à briller de nouveau, tout est effacé, tout est oublié, les gouttes s'évaporent à la pointe des feuilles, les oiseaux chantent à tue-tête, l'eau des rigoles se dépêche de plonger dans les entrailles de la Terre ou de rejoindre un ruisseau qui filera jusqu'à une rivière, qui elle-même en rejoindra une autre jusqu'à la Maringa, qui se jette dans le fleuve

Congo 700 kilomètres en aval. Saddam nous met en garde à propos de notre prochaine épreuve, une portion de 30 kilomètres encombrée de végétation, sans case pour nous abriter, sans âme qui vive, excepté peut-être quelques coupeurs de route qui sévissent de temps à autre, délestant les voyageurs avant de s'évanouir dans la nature. Nous traversons un dernier village énigmatique, où les enfants s'effraient de la couleur de ma peau, tout glisse, rien ne nous réconforte, la moto échappe à Joël et nous terminons dans un fourré, c'est la faim qui nous affaiblit, ou la fatigue, ou l'inquiétude. Il reste à franchir cette forêt de bandits de grand chemin et nous n'avons pas même une machette pour nous défendre, ni pour éclaircir la végétation luxuriante qui fait suffoquer le layon, nous n'avons pas même une tronçonneuse, qui nous aurait été utile pour ouvrir la route – nous devons plusieurs fois passer la moto par-dessus un arbre couché, ou par-dessous. Tout devient brouillon, confus, hostile, la jungle nous nargue et nous ne pouvons qu'être humbles devant sa toute-puissance. Nous passons de nouveaux gués périlleux et la nuit tombe.

Joël chantonne, par habitude ou pour se donner du courage, nous avançons à la diable – jusqu'à ce que nous apercevions la forme d'une case, une case acculée à la masse ténébreuse et trapue de la forêt. Un homme en sort, écarquille les yeux, repart dans le noir, revient avec une bougie, s'approche en silence, nous jauge et se présente enfin, Michel-Timothée. Il peut nous héberger, bien sûr, ce n'était pas prévu, mais il va s'arranger, il peut même nous vendre une poule pour le dîner. Il est ravi de nous parler, d'entretenir un brin de conversation : il ne nous cache pas que la vie est monotone dans cette partie du monde qui n'est que forêt, pluie et soleil, où les distractions sont rares, où l'on fait des enfants parce qu'il n'y a pas d'autre occupation. Il nous parle alors de ses triplés, qu'il fait émerger de la pénombre : trois garçons âgés de 3 ans, identiques de corps et de visage, qui nous scrutent, curieux et intrigués par ces deux compères qui débarquent chez eux dans la nuit. Moi-même, je ne suis pas rassuré. Je me sens dépassé par les événements, ou peut-être suis-je simplement éreinté par les courbatures, abattu par l'humidité qui remonte et nous fait frissonner, découragé par ce voyage qui n'en finit pas. Joël fume sans se poser de questions, les étoiles surgissent lorsque les nuages se dissipent, nous dévorons notre poule sur une table en bambou. Notre tavernier n'a pas l'impression de vivre dans un jardin d'Éden, il dit que l'être humain est ambigu avec cette notion, c'est peut-être notre cocon originel, mais n'avons-nous pas aussi besoin des grands espaces ? N'avons-nous pas quitté la sinistre forêt pour nous égayer dans la savane ? Quel est le nom de votre philosophe qui disait que tout le malheur des hommes vient de ne pas savoir demeurer au repos dans leur chambre ? Michel-Timothée nous confesse qu'il a le temps de remuer ses idées noires dans cette jungle ennuyeuse, qui n'a pas d'hiver, pas de printemps, qui n'est rien qu'un long été orageux et pluvieux. On s'interroge avec lui, Adam et Ève ont-ils été forcés de quitter cette forêt parce qu'ils y avaient croqué le fruit défendu, ces gros malins ? Ou bien se sont-ils expatriés parce que cette terre était déjà maudite ? Ou encore, la forêt est-elle devenue maudite parce qu'Adam et Ève l'avaient désertée ? Michel-Timothée lève la tête et me lance :

— Ressaisissez-vous, monsieur Guillaume. Adam et Ève, ce n'est qu'une légende. On n'est pas sûrs que ça ait vraiment existé.

Deux adolescents sortent des fourrés, armés d'un fusil Baïkal des années 1970. C'est Luc, le petit frère de Michel-Timothée, avec un voisin, son plus proche voisin, sa case est à 4 kilomètres. Ils ont tué un macaque, qu'ils se proposent de nous vendre, mais merci, nous avons déjà mangé. Luc s'assoit à notre table, écoute notre histoire et se frotte les mains de contentement : ne pourrions-nous pas l'emmener demain matin à l'école ? C'est à 18 kilomètres, précise le lycéen qui, d'habitude, quitte la case familiale à 5 heures et doit se hâter pour arriver en cours avant 8 heures. Il ne se plaint pas, il sait qu'il a de la chance d'étudier, mais reconnaît que les trottes sont pénibles les jours de pluie. Au-dessus de nos têtes, les étoiles brillent plus fort, comme si elles s'étaient rapprochées pour mieux veiller sur nous. Si elles s'avançaient davantage, elles pourraient nous raconter de belles histoires : n'étaient-elles pas aux premières loges pour assister à l'apparition de la vie sur notre planète bleue ?

Plus que n'importe quel autre pays

Un jour, je rencontrerai Takayoshi Kano. Chez lui, dans sa maison d'Osaka. Il me donnera les détails de ses voyages et sa femme Noriko ouvrira un album de photographies. C'est par hasard qu'il a étudié la primatologie, racontera-t-il, ayant entendu dire que cette filière pourrait l'emmener dans les brousses africaines – il était curieux de découvrir le monde. Il dira qu'il a aimé le Zaïre plus que n'importe quel autre pays d'Afrique, mais n'en reconnaît plus rien s'il tombe sur un documentaire consacré à l'actuelle République démocratique du Congo.

7

Vandales

(10 octobre 2016)

Joël charge la moto en silence, le froid et l'humidité nous font grelotter, c'est encore la nuit : nous quittons la case de Michel-Timothée comme des voleurs pour ne pas réveiller le reste de la famille, dévalant la première pente en roue libre avant de faire pétarader la Haojin dans le crépuscule de l'aube. Luc est assis entre nous, son cartable sur le dos, il nous suggère les détours préférables quand la piste est trop boueuse, il rêve de devenir chirurgien. Le jour commence à poindre à travers les feuillages puis le soleil apparaît, inondant nos carcasses, les réchauffant même allègrement lorsque nous arrivons à Lingomo, un carrefour de cases d'adobe, un terrain de foot, une église en brique et un marché constitué de cabanes rudimentaires. Nous y buvons un thé brûlant avant d'envoyer Luc à ses chères études, en lui souhaitant beaucoup de chance pour son rêve, et nous poursuivons notre avancée dans l'inconnu – Joël n'est jamais venu jusqu'ici, contrairement à ce que je croyais au début de notre voyage. La route, il ne la connaît pas plus que moi. Nous ne pouvons rien prévoir, rien anticiper, rien préparer dans cette expédition qui prend de plus en plus la forme d'un jeu de colin-maillard, nous devons juste être en forme et tenter de garder notre bonne humeur. Nouveau gué avec de l'eau à mi-corps : nos pantalons sèchent en dix minutes avec le vent et tout le soleil qui brûle notre sentier. La rivière suivante est plus placide, elle s'organise même sous la forme d'un large bassin naturel, ombragé de palmiers en feux d'artifice et je ne vois pas de crocodiles sur la berge. Il faut tout essayer dans la vie, j'ôte ma chemise et mon pantalon pour me glisser dans son onde ambrée, tiède, accueillante, qui fait oublier toutes les courbatures, toutes les tristesses de la route, je savoure le charme de cette volupté champêtre en me demandant si Takayoshi Kano en faisait autant lorsqu'il traversait ces gros ruisseaux, s'il rêvait d'une femme qui le rejoindrait, une geisha noire aux seins généreux, aux chevilles fines, elle dénouerait son pagne et s'avancerait vers lui, un doigt posé sur les lèvres. Mon pied touche une sorte de gros muscle visqueux et lisse, tapi dans la vase – alors, sans même perdre de temps à crier, je regagne la berge à la vitesse d'un nageur olympique, les poils hérissés de frayeur, même ceux des aisselles. Peut-être n'était-ce qu'une carpe.

Nous prenons des risques, nous ne portons pas de casque, nous pouvons nous amuser à faire les pointes de vitesse les plus folles sur ce grand boulevard, il n'y aura pas d'agents de police pour nous coller une prune. Joël fixe la route avec tendresse et obstination, il chantonne pour oublier la faim, car nous n'avons rien avalé depuis la maigre poule d'hier soir, puis m'assure qu'on a moins besoin de se nourrir en Afrique parce que les vitamines apportées par le soleil compensent les carences alimentaires, mais je sais qu'il dit ça pour nous donner du courage. Au village suivant, il me demande une avance sur sa paie pour s'acheter quatre cigarettes dans une case bureau de tabac – nous avions convenu que je lui donnerais 100 dollars pour qu'il m'amène jusqu'à Djolu, qui n'est plus qu'à 40 ou 50 kilomètres. Le village ne vend rien à manger, pas même un œuf, Joël profite de cette pause pour resserrer quelques boulons, car la mécanique donne des signes de fatigue, elle aussi. Une nuée d'enfants nous entoure, vêtus de rebuts de l'Occident – chemises aux cols usés, tee-shirts *J'aime la Bretagne*, frusques expédiées à la tonne pour la bonne conscience. À notre arrivée, ces mêmes enfants avaient interrompu leurs jeux pour crier *MUN-DE-LE* à tue-tête. Maintenant, ils ne savent plus quoi dire. Je leur demande s'ils vont à l'école, mais sans doute que non puisqu'ils devraient être en classe à l'heure qu'il est, et aucun d'entre eux ne parle français, la langue de l'enseignement scolaire. En théorie, l'école primaire est gratuite et obligatoire, mais les professeurs sont rarement payés alors ils réclament des subsides aux parents et ceux qui ne peuvent rien donner n'envoient plus leurs rejetons à l'école, c'est aussi simple que ça. Suicide d'une nation. Avec les quelques mots de lingala que j'ai appris, je leur demande s'ils voient des bonobos de temps en temps, les enfants haussent les épaules, remuent la tête, restent interdits, ne savent pas. Quand il s'agit de crier *Mundele*, tout le monde s'y met. Maintenant, il n'y a plus personne.

Nous arrivons à Djolu par surprise, passant de la forêt dense à une brochette de cases alignées au bord du chemin puis, tout de suite, la ville. Enfin, ce n'est pas exactement une ville. Djolu n'est qu'un carrefour de pistes, tout comme l'était Lingomo ce matin. Des sentiers ponctués de nids-de-poule et bariolés d'ornières, un fatras de masures ombragées de palmiers ou de manguiers, un bureau de la DGM qui menace de s'écrouler, où j'entre néanmoins pour les formalités d'usage : Jérobert tamponne gaillardement tous mes papiers, quémande *ne fût-ce qu'un billet de 1 000 francs* et m'annonce que Djolu compte un seul hôtel, le Roméo, premier sentier sur votre gauche. Ce sont deux longues cases séparées par une cour en pente, les chambres sont à peine plus grandes que le lit qu'elles contiennent, mais ça fera l'affaire et puis nous n'avons pas le choix. Sur un mur, quelqu'un a tracé au charbon une grossière carte de la région : nous contemplons notre parcours, je viens d'accomplir la plus grande partie du voyage, une traversée en biais de la forêt congolaise, depuis l'hémisphère sud jusqu'à l'hémisphère nord ; c'est le bout de la route pour Joël, nous convenons de boire une bière fraîche pour célébrer ce tour de force, lorsqu'un premier visiteur se présente à nous.

— Roger Afelende, anthropologue. La DGM m'a appris que vous désirez vous rendre à Wamba. Je possède une moto et je connais tout le monde là-bas, je pourrai vous y emmener.

Il parle beaucoup, et très vite. Je suis encore dans les bourdonnements du moteur et n'arrive pas à saisir tout ce qu'il dit, j'entends que le tarif de l'essence est deux fois plus élevé et que les trajets vont me coûter bien plus cher que tout ce que je pouvais imaginer. Roger fixe son prix, je crois qu'il veut rigoler, j'essaie de négocier, il répond que c'est à prendre ou à laisser. Joël m'avise alors, à l'oreille, qu'il ne peut me laisser dans les mains de ce profiteur, que je suis tout de même son beau-frère d'une certaine manière, puisque j'ai épousé une *sœur* congolaise, et qu'il restera avec moi, qu'il m'accompagnera jusqu'à Wamba puis qu'il nous ramènera à Boende, que je n'aurai pas à le rémunérer davantage. Quand je rétorque à Roger que je ne souhaite pas bénéficier de ses services, il est finalement d'accord pour discuter son tarif.

Mais l'après-midi avance, le marché va fermer, c'est maintenant qu'il faut nous procurer nos victuailles et nos bouteilles de bière fraîche. Joël a déchaussé ses bottes de caoutchouc et enfilé sa paire de tongs, nous sommes prêts à nous lancer à la découverte de Djolu. Le bourg est bâti sur un promontoire qui domine la jungle : en contemplant l'océan vert moutonner devant nous, ondoyer à perte de vue, nous formulons quelques observations dignes de Bouvard et Pécuchet, puis nous nous hasardons sur une piste de sable gris jaune, traversons un bosquet de palmiers, longeons des cases qui suintent l'ennui, coupons à travers une cour sur laquelle des chenilles sèchent au soleil, en tas. Ici aussi, les enfants crient *Mundele* à mon passage, certains mettent leurs pas dans les nôtres et nous sommes bientôt suivis par une farandole.

Le marché de Djolu évoque les souks d'Égypte ou du Yémen : au XIXe siècle, des négriers arabes sévissaient dans la région, effectuant des razzias pour le compte de leurs sultans, apportant l'islam et quelques mousquets. Cette influence s'est beaucoup diluée aujourd'hui, mais on la repère dans l'agencement du bazar : allées étroites, en dédale, étals de branches ou de bambous, tunnels d'ombre sous les pagnes en marquises, vendeuses potelées à demi allongées sur leurs nattes, chasse-mouches à la main, qu'elles agitent paresseusement devant leurs viandes de brousse – antilopes ou porcs-épics boucanés. On trouve aussi toute la pacotille chinoise qui sature l'Afrique depuis quelques années, bassines en plastique, lampes torches en plastique, piles électriques, crèmes éclaircissantes. Ce sont finalement des chenilles que nous achetons pour notre dîner, des chenilles de la forêt séchées comme nous l'avons vu tout à l'heure devant les cases. Tout le monde nous a repérés, tout le monde nous reluque, même ce macaque apprivoisé attaché en laisse à une branche au-dessus de nos têtes, qui fait mine de s'épouiller. Nous avons encore nos bières fraîches à dénicher, nous sommes des utopistes.

— C'est une denrée rare ici, subodore Joël. Les bouteilles sont encombrantes à transporter.

Nous en trouvons finalement une, une seule bouteille, chaude de surcroît, que nous nous partagerons, faute de grives ne convient-il pas de se rabattre sur les merles ? Un jeune homme nous aborde et nous demande poliment si nous avons fait bon voyage, s'il pourrait nous aider de quelque manière que ce fût, si nous restons longtemps à Djolu. Je ne vois rien venir, je lui parle des bonobos que nous prévoyons d'aller saluer lorsque nous atteindrons Wamba : aussitôt, le jeune homme trahit son sourire enjôleur et s'envenime, Ah mes gaillards, je suis le Responsable de l'Environnement, vous devez acquérir un certificat officiel pour entrer dans la forêt, ça vous coûtera 200 dollars. Nous ne prêtons aucune attention à son discours, mais il s'accroche, veut signifier sa prestance et brandit tampon et encrier pour prouver qu'il occupe une position officielle, sort encore des fiches chiffonnées qui ne veulent rien dire, énonce toutes les administrations que nous devrons visiter pour être en règle, l'administrateur du district et le chef du territoire, la *DGRPT* et un tas d'autres organismes dont j'ignore l'existence. Il me tient, ne me lâche pas, nous postillonne au visage. J'invente une excuse sans doute éculée pour nous octroyer un répit : nous sommes toute une escouade de toubabs à nous rendre à Wamba, nous travaillons pour une chaîne télévisée très fortunée, la suite de la caravane arrivera demain avec le matériel et l'argent, le comptable de l'équipe paiera alors toutes les sommes nécessaires à l'obtention des certificats, mais en attendant il devrait nous laisser tranquilles, ce serait mieux pour tout le monde, n'est-ce pas ? Son regard se met à pétiller de cupidité, il calcule, hésite, lâche du lest et nous laisse filer.

— Je reviendrai demain, monsieur Guillaume.

— Certainement, monsieur le Responsable, nous vous attendrons.

La perspective d'aller passer quelques jours à Wamba commence à m'inquiéter. Ne m'a-t-on pas averti, à plusieurs reprises, que l'ambiance s'y était dramatiquement détériorée ? Que le village n'était plus le paradis trouvé par Takayoshi Kano à son arrivée en 1973 ? Je rentre me terrer dans ma chambre, je m'allonge sur mon drap jaune paille avec pour seul projet d'attendre la nuit : à la lumière du jour, ma peau blanche me désigne trop facilement comme une proie. J'ai l'impression de devoir me méfier de tout le monde. Qu'ici comme ailleurs, l'idée de conservation écologique sert à garnir les poches d'individus qui se fichent éperdument de la protection de la flore et de la faune – dans la forêt, les braconniers tirent sur tout ce qui bouge et les poissons sont pêchés à la dynamite ou au moyen de bidons de pesticides répandus dans les rivières. Un grattement furtif me fait lever la tête vers les solives du toit de tôle, suivi de frottements légers, de couinements aigus. Ce sont des souris qui s'amusent à se poursuivre, qui s'agglutinent autour du Blanc comme les marlous de Djolu, qui trottent menu dans les combles et lâchent leurs crottes au-dessus de ma pomme. Je comprends maintenant pourquoi mon drap jaune paille est moucheté de taches noirâtres qui sentent l'ammoniac, qui piquent le nez, et n'ai plus du tout envie de m'allonger. Le jour décline, je m'assois sur le coin du lit pour compter l'argent qui me reste, ça ne prend pas longtemps. Oui, je devrai fuir tous les accapareurs, tous les collecteurs de taxes imaginaires que je n'avais pas comptabilisés dans mon budget. Jimmy, le jeune homme qui assure la fonction de balayeur-gardien-gérant du Roméo, toque à ma porte pour me demander si je souhaite prendre une douche, et me propose un seau d'eau.

— C'est 200 francs, précise-t-il.

La nuit est tombée quand je regagne ma cellule, rincé à l'eau précieuse. Joël est en pleine discussion avec Jimmy : les deux garçons partagent la même passion pour les motos et débattent avec effusion, accroupis devant le moteur de la Haojin. Joël m'annonce que le dîner est prêt et, en douce, qu'il a négocié le prix des chambres à demi-tarif. Les chenilles dodues nous emplissent de protéines, nous redonnent toute notre vigueur, j'ai l'impression d'être un sachet de nouilles lyophilisées que l'on hydrate, je ne prends même pas le temps de penser que chacune de ces chenilles est un papillon en puissance car nous débouchons notre bière – toujours aussi chaude. En la partageant au goulot, nous élaborons notre stratégie pour la journée de demain : filer avant l'aube, pour couper court à tous les écornifleurs.

Éclairés par trois milliards d'étoiles, avec la symphonie des grenouilles et les grésillements des insectes, nous faisons durer notre Primus. Joël s'applique à fumer pensivement et moi je ne suis pas du tout pressé de rejoindre ma colonie de souris – quand j'en ai parlé à Jimmy, il a ri de ma poltronnerie et s'est montré tout à fait rassurant en me garantissant qu'elles n'étaient pas dangereuses, qu'on ne pouvait rien y faire de toute façon puisque son chat avait été emporté par un aigle le mois dernier. Un autre client du Roméo, le seul autre client de l'hôtel, se joint à nous sous le palmier de la cour : c'est un grand gars sapé comme dans les années 1970, avec un pantalon pattes d'éléphant, une chemise noire cintrée et des rouflaquettes de bonobo, il se prénomme Héritier. Héritier a parcouru 400 kilomètres en pirogue et à vélo pour venir ici récolter des chenilles, et rentrera avec sa cargaison en espérant dégager un bénéfice. Mais ne sait pas du tout par où commencer à chercher.

— C'est la première fois que tu viens ?

— Ah oui, monsieur Guillaume, je débute, jusqu'à présent j'étais professeur de mathématiques.

La conversation dévie invariablement sur les bonobos. Héritier prend un air entendu quand je lui parle de notre ancêtre commun avec les primates, il s'amuse poliment du Blanc qui n'arrive pas à admettre que c'est Dieu qui a créé l'homme à son image il y a 6 000 ans. En se souvenant d'avoir vu un individu velu comme un singe sur le marché de son village, il me demande : Si les bonobos sont si proches de nous, ne peut-on engendrer des métis avec eux ? Puis : Mais alors, toutes ces études, toutes ces observations, que nous apprennent-elles sur les êtres humains ?

ARCHIVES DE LA BROUSSE

Monsieur-le-Noir

Les samouraïs sont des chevaliers. Au Xe *siècle, ils nomadisent à travers le Japon, vivent de spectacles de marionnettes. Puis ils s'intéressent aux arts martiaux, pratiquant ces disciplines avec tant de ferveur qu'ils n'hésiteront bientôt plus à s'éventrer au sabre pour sauver leur honneur ou quand ils seront déçus. Enfant, Kano avait entendu dire que le premier samouraï non japonais était un Noir. Un esclave africain plus précisément, capturé sur l'embouchure du Congo ou du Zambèze, puis vendu à un navire de missionnaires Jésuites en partance pour l'Extrême-Orient. Débarqué en 1579, l'esclave est le premier homme noir à poser le pied sur l'archipel. Sa taille, sa force et son intelligence impressionnent le seigneur Nabunaga, qui le fait libérer et le baptise Yasuke – mais à la cour, on continue de l'appeler Kuru-san, Monsieur-le-Noir. Monsieur-le-Noir apprend quelques prises de ju-jitsu, c'est un compagnon fidèle, le seigneur décide de le nommer samouraï, honneur inouï, faveur sans précédent pour un étranger. Quelques années plus tard, les successeurs de Nabunaga fermeront les frontières, le Japon s'isolera du reste du monde pendant deux siècles et demi. On perdra la trace de Monsieur-le-Noir, mais sa légende subsistera.*

8

Bulldozer à réaction

(14 décembre 1973)

C'est le milieu de l'après-midi, un nuage moutonne à 300 mètres d'altitude, minuscule tache blanche qui n'offre aucune ombre au village qu'elle surplombe – cent cases ocre plus ou moins alignées le long de deux griffures de terre rouge, le long de deux sentiers perpendiculaires qui filent l'un vers le nord, l'autre vers l'est. Autour de ces pudiques saignées, la jungle se déploie vigoureusement jusqu'à tous les horizons, rendus flous par la chaleur ou par l'humidité. Parfois, un écho s'échappe de cette touffeur, c'est le sifflement désespéré d'un rapace, ce sont les cris d'hirondelle des enfants ou un coq qui s'égosille. Les hommes sont aux champs. On en perçoit dans les plantations de café, on les voit s'affairer dans des parcelles où sont cultivés le manioc ou les arachides ou les cannes à sucre. Une femme écaille un poisson dans l'ombre de sa case, en attendant que le soleil veuille bien commencer à décliner. Attachée à un manguier, sa chèvre bêle comme si elle pleurait

– elle est malade, mais ce n'est pas grave considère Papa Sandja, je vais cueillir dans la forêt les herbes nécessaires à sa guérison : le vieil homme saisit sa besace et son coupe-coupe, et s'engage sur la piste qui louvoie vers l'est. En chemin, il s'étonne d'y voir un étranger à la peau claire posté sur le bas-côté, les fesses appuyées contre le cadre de sa bicyclette rouge, les yeux perdus dans les frondaisons. Il s'approche, l'étranger le salue et lui demande si les bonobos sont nombreux dans les environs. Oui, nous en avons, et Papa Sandja indique un grand nid derrière un entrelacement de branches, puis un autre, et encore deux autres. Les singes ont dormi ici récemment. Le vieux prend le voyageur par le bras pour l'entraîner dans le sous-bois, Regarde ces cosses, regarde ces gousses, regarde ces écorces de fruits, ce sont les restes de leurs repas. Kano est surpris de cette amabilité, de cette simplicité. Il avait repéré des traces de bonobos près des hameaux traversés ces derniers jours, il avait même entendu leurs cris perçants, mais personne n'avait voulu l'accueillir : on le prenait pour un maraudeur, on s'en méfiait. On l'avait chassé de Mpombi, 30 kilomètres à l'est, on lui avait refusé de l'eau à Iyendé, le village le plus proche. Il demande à Papa Sandja s'il peut voir le chef.

— Suis-moi.

Le soleil descend de son zénith, la lumière s'adoucit, se diffuse par petites touches d'or. Les deux hommes cheminent côte à côte, un papillon pervenche s'est posé sur le dos de Takayoshi Kano. Ses vêtements sentent la terre et la transpiration, ce sont les seuls qui lui restent. Il est étourdi de chaleur et de fatigue, ses cheveux sont hirsutes et sales, ses ongles noirs, il a faim. Il est heureux.

À l'entrée de Wamba, les enfants ne savent pas cacher leur surprise de voir Papa Sandja en compagnie d'un étranger. Ils tonnent *Mundele*, s'approchent en écarquillant les yeux. C'est la première fois qu'ils voient un Japonais, la première fois qu'ils voient de près un Asiatique. Sa barbe est épaisse, ses yeux brillent, il sourit. Sur son porte-bagages, son sac bleu marine n'est plus aussi volumineux qu'à son départ de Boende puisque le vagabond s'est délesté de presque tout en cours de route, même de sa bouteille de whisky – il a simplement gardé son herbier, ses rouleaux de pellicule, ses cartes, ses carnets. Le chef Bafana Yele n'est pas au village, alors Papa Sandja conduit son hôte chez Bomboli Bolimo, le frère du chef. C'est ainsi que Kano se retrouve au centre d'une cour de terre rouge ce 14 décembre 1973, devant une case d'adobe, tenant son vélo par le guidon. Le frère du chef demande au visiteur quelles nouvelles il leur apporte, quel est l'objet de sa visite. Pour la deux-centième fois, Kano raconte les bonobos qu'il vient recenser, le site d'observation qu'il voudrait tenter de mettre en place et sa conviction que l'on comprendra mieux les sociétés humaines si l'on arrive à explorer le comportement social des primates. Le frère du chef acquiesce, même s'il ne saisit pas tout nettement – mais il ne faut pas toujours chercher à comprendre les lubies des Blancs. Kano relate son voyage avec les mots de lingala qu'il a appris sur la route, parle de son pays qu'il a quitté voilà cinq mois, revient sur les études que le Centre de primatologie de Kyoto mène sur les grands singes, évoque son précédent séjour en Tanzanie où il avait observé des chimpanzés pendant deux ans, entre 1965 et 1967.

Dans le village, le bruit court qu'un étranger à la peau cuivrée est arrivé : à leur retour des champs, plusieurs hommes viennent le regarder, par curiosité. Ils se pressent autour de lui, font des commentaires à voix basse, étouffent des rires. Bomboli prend la parole pour dire que les bonobos vivent effectivement près d'ici, tout près, qu'ils n'ont pas peur de nous puisque nul ne les chasse à Wamba. Leur chair est taboue en raison de leur ressemblance avec les humains et d'une légende du village. Cette légende raconte que les bonobos et les hommes partagent un même ancêtre mais qu'un jour deux frères se sont séparés : l'un choisissant de rester dans le tréfonds de la forêt tandis que l'autre en sortait, apprivoisant le feu afin de cuire ses aliments, marchant sur ses deux jambes, développant son langage pour mieux se faire comprendre et posant les bases du village de Wamba. Takayoshi Kano prend des notes sur son carnet toilé, il jubile sans le laisser paraître et se sent récompensé d'avoir mené sans faillir cette éprouvante épopée. Il a étanché toute sa soif avec l'eau de source qu'on lui a servie, il a même bu un gobelet de café sucré, il a retrouvé un peu d'énergie.

Il demande alors si on ne pourrait pas essayer d'aller voir des bonobos avant la tombée du jour. C'est un coriace.

Bomboli envoie chercher Nkoy Batolombo et Mpeya Isemengi, deux chasseurs qui connaissent intimement la jungle, qui savent l'écouter, qui savent la lire, et les quatre hommes pénètrent à la queue leu leu dans le désordre végétal, donnant un coup de machette par-ci ou par-là afin de cadrer les ardeurs de la flore. Les guides avancent pieds nus sur l'humus doux comme les cheveux d'une femme, portent un simple short et un carquois en bandoulière car ils chassent à l'arc, il n'y a pas de fusils au village, ni de cartouches. Quand ils repèrent un groupe de nids, Nkoy Batolombo lève la main pour recommander le silence, les deux chasseurs font travailler leurs oreilles, jaugent chaque son, scrutent le sol à la recherche des moindres indices, se concertent et ouvrent une piste. Kano suit. Tout l'impressionne, tout l'émerveille, il se sent bien dans la chaleur humide de cette jungle qui surabonde de vie, entre les troncs hypertrophiés et les univers miniatures des gastéropodes et des insectes. Il enjambe une branche pourrie, respire l'odeur poivrée de sa décomposition, surprend le vol inquiet de deux perroquets gris. Nkoy Batolombo et Mpeya Isemengi bifurquent sans hésiter, prennent soin de briser quelques brindilles à chaque changement de cap pour ne pas se perdre au retour – parce qu'il va falloir rentrer, la nuit est sur le point de tomber. Le cortège erre encore un moment parmi les fourrés, puis les chasseurs décident qu'il est temps de faire demi-tour, on n'arrivera à rien aujourd'hui. Kano est déçu, Nkoy lui promet de l'emmener demain à l'aube, et que cette fois ils verront des bonobos, il connaît un autre coin plus au nord où nous sommes sûrs d'en trouver. Les singes sont tellement habitués à l'homme qu'ils ne fuient pas quand on s'approche à 20 mètres, ils ont même une drôle de façon de nous regarder, comme s'ils désiraient mieux nous connaître.

Dans la cour de Bomboli, les quatre hommes partagent un poulet sous les étoiles. Le primatologue voudrait en savoir davantage sur cette légende qui intègre les bonobos à la famille des êtres humains, ça l'intéresse. On ne sait pas d'où elle remonte, commente le frère du chef. Sans doute des premiers occupants du village, à la fin du XIXe siècle. Nos grands-parents nous disaient qu'avant eux, avant que soient montées les premières cases dans les années 1870, cette partie de la forêt n'hébergeait aucun homme, pas même des Pygmées. Nos ancêtres sont arrivés par le nord-est, ils venaient d'un autre village qui s'appelle Wamba également, au nord de Kisangani, ils fuyaient une guerre, la région était devenue instable depuis que les Arabes venaient y faire leur marché aux esclaves. Ils ont erré plusieurs années dans la brousse, se posant le temps d'une saison près d'une rivière ou aux abords d'une ville, avant de s'installer ici, où ils se sont sentis en sécurité. Ils cueillaient des fruits et chassaient de petits animaux, c'est ainsi qu'ils ont découvert les bonobos – il n'y en avait pas dans leur région d'origine, de l'autre côté du fleuve. Ils étaient tranquilles et ils le sont restés un moment, les Belges ont mis plusieurs années à venir leur annoncer que le Congo était devenu la propriété du roi Léopold II, au terme d'une tartufferie appelée la Conférence de Berlin. Les premiers missionnaires, des catholiques, se sont établis dans les années 1920 à Yalisele, 30 kilomètres au nord de Wamba.

Pour faire honneur à son invité, Bomboli sort son meilleur aguene, qu'on appelle le lotoko ici. La gnôle douceâtre mais fortement alcoolisée galvanise Kano, elle lui rappelle le saké de son pays. Le voyageur parle beaucoup, raconte qu'on trouve aussi des singes au sud du Japon, une espèce endémique de macaques que les anthropologues étudient depuis 1948. Et, pareillement à la légende de Wamba, la religion shintoïste admet une promiscuité naturelle entre l'homme et les singes : les Japonais n'ont pas de mal à considérer les sociétés simiesques comme d'éloquents sujets d'étude, contrairement aux Occidentaux qui ne sont pas toujours à l'aise avec ces liens qui nous unissent à nos cousins velus – malgré Darwin et sa théorie de l'évolution, malgré le rationalisme, malgré la laïcité et le principe de séparation de l'Église et de la science. Cette nuit-là, le Japonais est tellement enthousiaste qu'il ne parvient pas à trouver le sommeil quand il s'allonge au fond de la case, il voudrait parler encore, échafaude toutes sortes de projets en écoutant les chuchotements de la jungle. Il n'a plus d'argent, mais il a trouvé l'emplacement idéal pour sa mission, avec des villageois accueillants et une abondante population de bonobos – Bomboli estime qu'ils sont près de deux cents dans les proches environs. Il peut enfin rebrousser chemin. Avec un peu de chance, il sera rentré avant le 31 décembre, il pourra célébrer la nouvelle année avec Noriko, Masayuki et Keiko. Mais ensuite, il reviendra à Wamba, oh oui il reviendra, puisque tout reste à faire. Plein d'ardeur, il concocte un programme optimal et se dit qu'il va élaborer le premier centre d'observation des bonobos sauvages. Il s'amuse maintenant de toutes les inquiétudes partagées avec Toshisada Nishida lorsqu'ils sont arrivés ensemble au Zaïre en juillet dernier, lorsqu'ils ont entamé à deux les premières recherches, qui n'étaient pas du tout engageantes. Et le vagabond finit par s'endormir, le cœur léger. Il n'est plus intranquille.

ARCHIVES DE LA BROUSSE

L'étranger

Nkoy Batolombo a été le premier pisteur de Takayoshi Kano. Bouche trouée, yeux vitreux, corps étonnamment musclé pour un presque septuagénaire, il témoigne :

« En 1973, personne ne s'intéressait à la recherche scientifique à Wamba. Nous travaillions dans les plantations de café ou dans les autres champs, ça nous suffisait. Quand Takayoshi Kano nous a annoncé qu'il venait étudier les bonobos afin de mieux comprendre le comportement des humains, ça nous a amusés. Nous l'avons accompagné dans la forêt jusqu'à un groupe de bonobos, il est resté longtemps à les contempler, il a pris des notes, puis il nous a donné un paquet de cigarettes pour nous remercier et il est reparti sur son vélo rouge. »

9

Amphitryons

(11 octobre 2016)

Pour nous, l'aventure continue sous un ciel charbon. Je m'endors parfois quelques secondes à l'arrière de la moto, quelques secondes seulement avant que les cahots ne me réveillent. Des villages identiques se succèdent entre deux triples rations de jungle, nous y faisons parfois halte pour resserrer un boulon de la roue avant, tout en guignant les nuages annonciateurs d'un terrible orage. Nous roulons depuis cinq ou six heures, guettant un signe, un indice qui nous ferait discerner Wamba parmi tous ces villages faméliques que nous croisons, le soleil va bientôt se coucher ou bien ce sera la pluie qui l'emportera – les coups de tonnerre se rapprochent. Joël demande notre chemin, on nous évoque une prochaine bifurcation, élément topographique suffisamment exceptionnel pour être signalé sur cette piste unique pas plus large qu'un homme. Et la bifurcation arrive : la piste se divise soudain en deux embranchements perpendiculaires. Serait-ce déjà Wamba ? Nous n'en sommes pas complètement sûrs, il n'existe nul panneau indicateur pour nous le confirmer. Et toutes les cases se ressemblent à mes yeux de *Mundele*, bâties plus ou moins en bordure du chemin, côte à côte ou séparées par des cultures de manioc ou de maïs, des bosquets de papayers, un manguier majestueux. Deux villageois nous indiquent une bâtisse en terre coiffée de chaume. Elle trône au fond d'une parcelle de latérite où poules, chèvres et cochons s'activent mollement à trouver un endroit qui les abritera du déluge imminent. Au milieu de ce décor équatorial, un Japonais montre son nez dans l'embrasure, un jeune homme à la peau cuivrée, à la tignasse de geai, sans doute intrigué par les grognements de notre Haojin – on ne circule qu'à pied ou à vélo à Wamba, on n'y trouve pas de station essence. Le Japonais descend les trois marches du perron, nous salue avec un flegme de diplomate, mais un fracas cosmique abrège son cérémonial et, dare-dare, nous entrons nous abriter avant que la foudre nous éventre.

Nous faisons donc connaissance en braillant, pour couvrir le cataclysme. Le jeune homme s'appelle Toda, a 24 ans et étudie au Centre de recherche de primatologie d'Inuyama, qui dépend de l'université de Kyoto. Il fait une thèse sur le rôle des femelles dans les sociétés de bonobos, c'est son quatrième séjour ici. Ils ne sont que deux chercheurs en poste à Wamba cette année, deux doctorants, et nous avons de la chance de les trouver puisque leur départ est prévu très prochainement. La giboulée s'acharne sur le toit de feuilles, une forme ruisselante s'engouffre dans la case : voilà justement

Okamura, son collègue. Il était tellement concentré sur ses observations dans la jungle qu'il s'est fait surprendre par l'orage, explique le thésard détrempé en secouant son poncho imperméable. Pendant qu'il se change dans sa chambre, Toda me montre la pièce que je pourrai occuper : un entassement de malles, de cartons, de caisses à provisions, de bouteilles de whisky vides et, tout au fond, un lit étroit comme un cercueil, recouvert d'une moustiquaire rafistolée au moyen de pansements usagés. La nuit est tombée et il n'y a pas de lumière, je pose mon sac à la lueur de ma lampe frontale, à côté d'un mille-pattes acajou. J'allais enfiler des vêtements propres, mais je réalise que je n'ai plus de vêtements propres, alors je retourne tel quel dans la salle commune – qui a l'avantage d'être éclairée par une barre de néon.

Toda termine de relire ses notes de la journée sur la grande table centrale, encombrée de livres, de papiers, de piles usagées, de paquets de cigarettes, de bouteilles, de rouleaux de scotch, d'un samovar made in China, ou encore de carrés de sucre que viennent lécher les fourmis. Le jeune chercheur m'invite à prendre place sur une chaise en osier défoncée et, comme la pluie semble s'apaiser, reprend une inflexion normale pour me demander l'objet de ma visite. Il pose son crayon sur la table et enlève ses lunettes quand je lui dis que je m'intéresse à Takayoshi Kano, à ses voyages au Zaïre, à ses découvertes, à son courage, à ses fêlures. Il glisse qu'il a beaucoup de respect pour le vieil homme, il est allé le voir une fois dans sa maison près d'Osaka, Kano était plutôt en bonne santé, plutôt remis de son accident vasculaire de 2008. L'étudiant n'en dit guère davantage, les Japonais ne sont pas toujours expansifs. Et puis il parle d'une voix discrète, presque inaudible sous la pluie qui recommence à cingler notre chaume, peut-être souffle-t-il encore que Takayoshi Kano avait la réputation de se défendre à la guitare flamenco dans sa jeunesse, quand on frappe à la porte : c'est le cuisinier. Qui dépose deux marmites et retourne en silence à son fourneau, à son feu de bois entre quatre murs d'adobe. Une porte se ferme, une autre s'ouvre, comme dans les théâtres de boulevard : Okamura sort de sa chambre, vêtu de sec, brûlant à l'idée de nous raconter la proximité qu'il a eue avec les singes aujourd'hui – il les a vus jouer, partager de la nourriture, s'épouiller, grimper aux arbres, se chamailler, avoir de stimulantes relations sexuelles puis préparer leur nid avant la nuit d'orage qui se profilait. Okamura, qui séjourne à Wamba pour la première fois, s'étonne encore de la vitalité des bonobos, de leur proximité avec les *Homo sapiens*, de leur société riche et complexe. Joël et moi l'écoutons docilement alors que nos estomacs hurlent comme des énergumènes devant les plats posés sur la table : nous n'avons rien avalé depuis hier soir. Quand il a terminé, nous attaquons le dîner, un canard bouilli accompagné de riz et de piment pili-pili, nous pourrions avaler n'importe quoi. Je demande à nos amphitryons si j'aurai la permission d'aller saluer les hippies de la forêt pendant mon séjour. Toda me répond qu'il y a une procédure à ce sujet, mais que oui, certainement, je pourrai. Il se lève pour aller chercher quelques bananes à un régime accroché à un clou, Joël pousse son assiette, allume une cigarette, fait quelques ronds de fumée en direction du néon puis s'en va ronfler dans sa chambre noire. Je m'imagine qu'il est minuit, il n'est même pas 19 heures. C'est alors que Jacques Batuafe toque.

Jacques Batuafe est le chef de station du CREF, le Centre de recherche en écologie et en foresterie. Un organisme gouvernemental. Mais le cacique n'est pas un nouveau pique-assiette – d'ailleurs il a déjà mangé, il ne vient même pas profiter de notre repas. Il occupe un poste stratégique d'intermédiaire dans la délicate triangulaire qui se joue entre la population de Wamba, le gouvernement congolais, qu'il représente avec le CREF, et les scientifiques japonais.

— Je suis neutre, explique-t-il. Je dois satisfaire tous les camps.

La tâche est ardue. Jacques dit même que c'est un travail d'Hercule. Les habitants sont abandonnés par l'État depuis plus de vingt ans, livrés à eux-mêmes, coupés du monde. Ils ont faim, alors ils placent leurs derniers espoirs sur les scientifiques pour qu'ils les aident à s'en sortir, en montant divers projets de relance, en réhabilitant le centre de santé, en restaurant les écoles, en débroussaillant les routes. Oh, il reste bien quelques relais administratifs dans la région, ça ne manque pas, même dans cette brousse évanescente. Mais il est inutile de compter sur eux, ils ne disposent d'aucun moyen et attendent eux aussi tout des primatologues – qui leur répondent qu'ils ne sont pas une association humanitaire, pas une ONG d'assistance ou de développement, pas des milliardaires, pas des mécènes, mais des universitaires venus là pour travailler, pour observer les singes, avec des moyens limités. Ça crée des tensions, note Jacques, puisque la pauvreté des villageois les amène à exploiter la forêt de manière abusive. Les riverains défrichent de nouvelles parcelles, ils braconnent et la jungle se dépeuple, comme partout ailleurs au Congo. Et les Japonais pleurent ou se mettent en colère.

La pluie reprend, nerveuse, exagérée, entêtante, Jacques se cale sur sa chaise en paille tressée et s'enquiert des détails de mon séjour. Il s'enthousiasme pour mon projet, propose de me fournir tous les renseignements que je souhaiterais obtenir, m'aidera à rencontrer les pisteurs qui ont côtoyé Kano en arguant que c'est son devoir d'intellectuel de m'accompagner dans cette entreprise picaresque. Jacques éprouve une curiosité sans bornes pour les idées, un attrait manifeste pour les chemins de la connaissance. Savez-vous que Takayoshi Kano n'est pas le seul à s'être enfoncé dans la forêt ? signale-t-il à brûle-pourpoint. Il n'est pas le premier, en tout cas. Seulement, les autres tentatives n'ont pas abouti. Du moins, pas aussi bien, ou pas aussi longuement que celle de Wamba. Et personne ne s'est aventuré aussi loin que lui à cette époque encore confuse.

Dans les années 1960, rien ne va au Congo. L'indépendance à peine proclamée, le 30 juin 1960, le pays est pris de convulsions. Il a de la fièvre, frissonne des pieds à la tête. L'armée se mutine, des fusillades éclatent, les foyers de mécontentements se transforment en émeutes. Le Premier ministre Patrice Lumumba est assassiné le 17 janvier 1961, son corps dissous dans un tonneau d'acide sulfurique. On dit que l'opération est commanditée par les États-Unis, qui souhaitent placer leurs propres pions dans ce pays aux ressources si prometteuses. La Belgique n'y trouve rien à redire – l'ancien colonisateur n'appréciait guère l'attitude trublionne du jeune et brillant politicien, le roi Baudoin n'avait pas aimé que Lumumba lui jette à la figure, lors d'un discours, les années d'humiliations que le peuple congolais avait connues pendant quatre-vingts ans, les coups que la population devait subir matin, midi et soir, « parce que nous étions des nègres ». En 1965, le lieutenant général Joseph-Désiré Mobutu organise un coup d'État et procède aussitôt à des exécutions publiques pour montrer que c'est lui le chef : il réprime la moindre opposition, met en place un régime autoritaire, vraiment ça ne rigole pas. C'est la terreur. En juillet 1967, l'Américaine Dian Fossey, spécialiste des gorilles, qui commençait un round d'observation vers les volcans des Virunga, au nord du lac Kivu, se fait molester par des grognards de l'armée. Elle en réchappe, mais cela refroidit ses ardeurs : les recherches qu'elle poursuivra ensuite, sur le même massif volcanique, elle les fera côté rwandais – ce qui ne l'empêchera pas d'être assassinée quelques années plus tard, le crâne fracassé par six coups de machette. Pendant les *sixties*, le Congo fait peur. Scientifiques, poètes et guitaristes de flamenco sont priés de patienter avant d'engager leurs promenades bucoliques au cœur des ténèbres.

Pourtant, la recherche sur les grands singes est en train d'éclore en Afrique centrale. Au début des années 1960, Jane Goodall, l'Anglaise aux cheveux clairs, acquiert une renommée mondiale avec ses observations de proximité – dix-huit mois après s'être installée à Gombe, sur la rive tanzanienne du lac Tanganyika, elle peut se tenir à 50 mètres d'un groupe de chimpanzés sans qu'ils modifient leur comportement. La primatologie de terrain commence à être prise au sérieux, au fur et à mesure que les archéologues et autres découvreurs de fossiles reconstituent l'arbre généalogique du genre humain. On cherche à mieux se figurer les prémices de nos sociétés, on voudrait en connaître les racines. Et les primatologues japonais sont des pionniers de ces questionnements sur nos origines. Durant ces mêmes années, ils montent un site d'observation des chimpanzés au bord du Tanganyika, non loin de celui de Jane Goodall – c'est là que Takayoshi Kano accomplit son premier voyage en Afrique.

En 1971, Mobutu effectue sa première visite de chef d'État au Japon. L'empereur Hirohito l'accueille avec faste, les relations sont excellentes entre les deux pays, Tokyo est un partenaire économique majeur. Un homme en profite pour glisser son pied dans la porte : c'est Jun'ichiro Itani, fondateur de la primatologie japonaise avec Kinji Imanishi. Puisque la situation s'apaise au Congo, n'est-ce pas le moment de se positionner ? Les deux universitaires parviennent à envoyer un premier chercheur sur la piste des bonobos. Ce n'est pas Takayoshi Kano, c'est son collègue Toshisada Nishida. Missionné pour aller jeter un œil dans la grande forêt en février 1972, il dispose de peu de temps, choisit d'arpenter au pas de course les rives du lac Tumba près de Mbandaka, se prend les pieds dans des racines, mais aperçoit plusieurs fois des nids et d'autres traces récentes de bonobos : il en conclut que ça vaut la peine de poursuivre les recherches. Qu'il ne faut pas tarder à organiser une expédition plus approfondie, même. Car la primatologie a beau être une science naissante, elle est déjà empoisonnée par des querelles de chapelles, des rivalités de nationalités, des courses aux médailles. D'ailleurs, dès qu'il prend connaissance de l'exploration de Toshisada Nishida, l'Américain Arthur Horn fonce bille en tête sur le même lac Tumba, ambitionnant de devenir le Jane Goodall des bonobos. Mais l'anthropologue est trop pressé ou il n'a pas de chance, ou il fait trop de bruit : en deux ans, il n'arrive à observer les primates qu'une seule fois, de loin, avant de les perdre de vue à nouveau. N'empêche qu'il occupe le terrain et les Japonais préfèrent aller voir ailleurs. Ce sera l'objet de la mission de Takayoshi Kano, quand il part à son tour au mois de juillet 1973. Les premières semaines, il est accompagné par Toshisada Nishida. Les deux scientifiques explorent le parc national de la Salonga au centre du pays, ils y croisent des éléphants et des léopards, mais ne détectent nulle trace des singes. Puis Kano poursuit seul sa cavalcade dans la jungle zaïroise.

Un couple irlando-américano-sud-africain s'engouffre à la même période dans la région, avec le même projet. Décidément. Noel et Alison Badrian arrivent d'Afrique du Sud à bord d'une Land Rover, un modèle très résistant qui ne tombe pas en panne. Ils longent la courbe du fleuve et garent leur 4 × 4 sous un moabi encombré de lianes, tout près de la rivière Lomako. Les voilà à moins de 200 kilomètres de Wamba. Ils posent eux aussi les bases d'un site d'observation à long terme, qui cessera son activité à la fin des années 1990 : Wamba reste donc le plus ancien des sites à ce jour. Et c'est le seul endroit où l'on peut observer des bonobos sauvages aussi près des habitations humaines, assure Jacques. Qui voudrait maintenant me détailler les points communs entre le Japon et le Congo, qui commence par évoquer une tradition de relations commerciales instaurées du temps de Mobutu, quelques similitudes culturelles, rien de très convaincant. La pendule indique 23 heures, nous continuerons demain, voulez-vous ? La pluie a cessé, le Congolais veut bien s'en aller dans la nuit noire rafraîchie par les ondées, il n'a pas peur de se mêler à la stridulation des insectes.

ARCHIVES DE LA BROUSSE

Capharnaüm

Dans mon lit-cercueil, sous ma moustiquaire rafistolée, je pense à l'enthousiasme de Takayoshi Kano lorsqu'il est arrivé à Wamba, il y a quarante-trois ans. Je cherche les liens qui pourraient unir le Congo et le Japon, je n'en vois pas beaucoup, à part une passion commune pour la bière et les brochettes. Existe-t-il d'ailleurs sur Terre deux cultures plus éloignées ? Le Pays du Soleil-Levant donne l'image d'une nation harmonieuse, raffinée, rigoureuse, disciplinée, sophistiquée, perfectionniste, ponctuelle, subtile, ouatée. C'est la terre des bonsaïs. Avec ses arbres embrouillés de lianes qui s'élancent à 70 mètres et ses broussards braillards et chahuteurs, avec sa capitale anarchique et déglinguée, le Congo est un capharnaüm en comparaison. Tout n'y est-il pas désordonné, plantureux, bruyant, excessif, rocambolesque, chamarré, outrancier, baroque ?

10

Bachi-bouzouk

(octobre 1974)

Patiemment, obstinément, Takayoshi Kano bâtira un royaume dans la jungle. Les premières années, il aura la conviction d'évoluer dans un paradis. Les bonobos ne fuiront pas à son approche, du moins pas toujours. Agiles, ils cabrioleront de branche en branche dans des bruits de feuilles froissées, voltigeront à 40 mètres en s'aidant d'une seule liane. Le primatologue constatera que rien ne les trouble : ils se réveillent de bonne humeur et se couchent sans inquiétude. Du haut de leur arbre, les bonobos s'amuseront de ce cousin sans fourrure, accoutré de toiles beiges ou brunes et de chaussures fermées, qui bougera peu et uniquement avec des gestes lents, uniquement pour griffonner des notes ou boire un peu d'eau. Qui ramassera au sol les fruits qu'ils laisseront choir, qui les examinera, les goûtera parfois, mais ne grimpera jamais décrocher les meilleurs. Qui essaiera tant bien que mal de les suivre quand ils se déplaceront, qui sera facile à semer. Pas un méchant, mais un maniaque, qui passera ses journées à les observer à distance, sans même faire mine d'engager une séance d'épouillage avec eux. Qui s'en ira chaque soir et reviendra chaque matin accompagné d'un ou deux pisteurs.

Après sa traversée solitaire de 1973, Kano rentre vite au Centre de recherche sur les primates d'Inuyama, près de Kyoto. Il y retrouve son ami Toshisada Nishida et son professeur Jun'ichiro Itani pour leur raconter les papillons et les chemins de boue, leur montrer ses carnets toilés et ses cartes pleines de poussière rouge, marqués par les dizaines de doigts qui s'en sont saisis. Il leur indique l'emplacement de Wamba et aussi celui de Yalosidi, plus au sud, où l'on pourrait également entreprendre des observations. Ses amis le félicitent. Alors il rentre chez lui : il descend sur l'île d'Okinawa, où il occupe un poste de professeur assistant à l'université de Ryukyu. Il prend dans ses bras son fils Masayuki, qui va avoir 5 ans, et sa fille Keiko, qui a eu 2 ans pendant qu'il crapahutait en terre inconnue, il étreint Noriko. Retrouvailles touchantes et simples, sans tralala. Il parle peu, il a trop à dire et ne sait par où commencer, Noriko lui demande s'il veut boire un verre d'eau, manger un peu de riz, et puis il faut aller coucher les enfants. L'hiver est doux, il profite du confort extrême-oriental, se requinque. Les premiers jours, il a l'impression d'être encore dans la brousse quand il se réveille, il lui faut quelques secondes pour reconstituer le décor de leur chambre, on dit que c'est une sensation courante au retour d'Afrique. Il boit du saké avec ses amis, prépare ses cours à l'université, regarde les photos qu'il a développées, pense aux gens qui l'ont accueilli à Wamba. Il fait du tri dans ses notes, il s'ennuie. Il échafaude des plans pour son prochain voyage et s'exalte.

Le 23 octobre 1974, il atterrit à Kisangani, sur le fleuve Zaïre, flanqué de Suesha Kuroda, étudiant volontaire et sympathique de neuf ans son cadet. Ils ont commencé un long périple à la fin du mois d'août, un périple qui les a fait passer par Hong Kong, Karachi, Nairobi et enfin Goma, dans l'est du Zaïre. Ils poursuivent en avion jusqu'à Kinshasa, pour obtenir leurs autorisations administratives avant de reprendre la voie des airs pour Kisangani. C'est une grande ville, mais le temps y est suspendu : les étrangers se sont évaporés suite à la zaïrianisation proclamée par Mobutu l'an dernier. Les rares industries qui survivent à la réforme marchent au ralenti, beaucoup de commerces ont fermé. Les deux scientifiques doivent pourtant acheter un véhicule, Kano n'a pas envie de renouer avec le dérailleur, pas cette fois-ci. Il cherche une voiture au marché, furète devant la grande poste, se renseigne au bord du fleuve, finit par trouver un tout-terrain de marque Toyota, couleur ivoire, et les voilà partis pour 300 kilomètres de coulée verte, qu'ils avaleront en cinq jours. Ce sont des jeunes gens aimables : ils aident parfois une vieille à acheminer un fagot de bois jusqu'à son village, il leur reste un peu de place, ils sont partis légers. Que transportent-ils ? Des vêtements de brousse, quatre paires de bottes, quatre moustiquaires, deux sacs de couchage, deux malles de livres, une centaine de carnets et autant de stylos Bic, des appareils de photographie, deux caméras, quelques instruments de mesure, des jumelles, des pansements et un filet à papillons. Ils se sont constitué un stock de bouteilles de whisky, car ils vont rester neuf ou dix mois, ils emmènent enfin des boîtes de conserve, des sacs de riz et des médicaments – de la quinine contre le paludisme, de l'antivenin, des antibiotiques. Souvenir de Tanzanie : en 1967, alors qu'il arpente la savane au pied des monts Mahale à la recherche de colonies de chimpanzés près du lac Tanganyika, Kano contracte une appendicite. Le temps de rejoindre le dispensaire le plus proche, à trois jours de marche, à deux jours de voiture, il se gorge d'antibiotiques en espérant contrarier son inflammation abdominale. Il est opéré de justesse. Ce n'est pas la seule fois qu'il manquera de mourir en Afrique : c'est un coriace, on l'a déjà dit.

Un matin, la Toyota fend une nuée de papillons. Ça lui rappelle quelque chose. Il pile en apercevant un antimaque de 30 centimètres d'envergure ; d'habitude, ces géants virevoltent à la cime des arbres, pas au sol. Les deux naturalistes sautent du véhicule avec leur épuisette. Takayoshi Kano avait fait ses armes de chercheur avec Jun'ichiro Itani, il avait connu l'époque où les primatologues devaient faire feu de tout bois pour financer leurs expéditions – il leur arrivait de collecter des pierres précieuses ou des insectes rares pour les vendre à des laboratoires, alors pourquoi pas des papillons géants ? Piètres braconniers, Kano et Kuroda retournent bredouilles dans leur berline ivoire, et le spécimen insolite remonte vers ses cimes. Les Dupond et Dupont japonais arrivent à Wamba le lendemain, le 31 octobre : ils sont chaleureusement accueillis par Bomboli, le frère du chef, puis par Nkoy Batolombo et Mpeya Isemengi, qui deviendront leurs premiers pisteurs. Kano présente Kuroda, ils boivent quelques tasses de lotoko, la rencontre est enjouée, le courant passe. Tant mieux, car Kuroda restera seul avec eux. Cette année-là, Kano poursuit le voyage jusqu'à Yalosidi, histoire de vérifier si cet autre site vaut toujours le détour. Mais avant de s'éclipser, il voudrait connaître le résultat du combat qui s'est joué la veille à Kinshasa, entre deux boxeurs très impressionnants. Deux Noirs américains : Cassius Clay, alias Mohamed Ali, 32 ans, 1 mètre 91, icône déjà universelle qui s'était fait mettre sur la touche par la World Boxing Association pour avoir refusé d'aller faire la guerre au Vietnam, contre George Foreman, 25 ans, 1 mètre 92, champion du monde catégorie poids lourds. À eux deux, ils pèsent 198 kg, 198 kg de muscles et de testostérone sur le ring dressé au centre du stade du 20-Mai. Ding. Les deux nippons avaient prévu d'assister à ce match événement pendant leur séjour à

Kinshasa en septembre, mais la rencontre avait été reportée de cinq semaines après que Foreman se soit entaillé l'arcade sourcilière durant les entraînements. Le *Rumble in the jungle* a finalement lieu à quatre heures du matin, pour que les télévisions américaines puissent le retransmettre à une heure de grande audience, et c'est Ali qui l'emporte, au huitième round, reprenant son titre de champion. Il quittera le Zaïre avec quelques millions de dollars et un gorille, cadeau du président.

À partir de 1975, Takayoshi Kano délaissera le village de Yalosidi, lui préférant Wamba en tous points. Il y passera ses hivers, consignant ses observations sur ses carnets toilés. Le matin, il partira avant l'aube, avec son équipement d'explorateur et son Nikon en bandoulière, il restera des heures dans la touffeur équatoriale, jumelles à portée de main. Il apprendra à reconnaître chaque spécimen et leur donnera un nom. Il bâtira une cabane dans un arbre, pour mieux les observer. Il se fondra dans la nature, s'entendra bien avec la patience et la solitude. Puis, réfléchissant à une manière de les approcher davantage, de les voir mieux et plus régulièrement, il décidera d'expérimenter la méthode de l'approvisionnement, c'est-à-dire qu'il attirera les bonobos avec de la canne à sucre ou des bananes. Il louera deux parcelles et paiera quelques villageois pour les défricher, pour les cultiver. Il construira une hutte sur leur lisière, s'abritera sous un treillis de branches les jours de fort soleil.

Il apparaîtra quotidiennement à ce poste d'observation, même le dimanche. Un groupe de singes viendra, on s'habitue sans difficulté à ce genre d'attentions. Quand ils auront assez mangé, ils retourneront dans la jungle et Kano les suivra. Quelques primatologues critiqueront cette façon de faire de la science, ils diront que ce n'est pas du jeu, que les Japonais ont ouvert un restaurant de brousse, une soupe populaire, que cela fausse les résultats, peut-être qu'ils étaient jaloux. Sans Takayoshi Kano, on ne saurait pas tout ce qu'on connaît des bonobos. C'est sur les travaux qu'il a réalisés à Wamba que repose notre compréhension de ces primates. Les chercheurs japonais cesseront l'approvisionnement dans les années 1990 : cela ne remettra nullement en cause les données qu'ils avaient précédemment recueillies.

Kano sera un avant-coureur. Il viendra chaque année consolider son royaume. Au départ, il bénéficiera de très peu d'informations. Ses connaissances se préciseront, il deviendra un spécialiste mondialement reconnu, mais toujours discret. Il s'intéressera aux animaux de la jungle ou de la savane, à toutes les plantes, à toutes les essences d'arbres, aux insectes, aux rivières, aux poissons. Aux grenouilles aussi, du reste, et à la construction des cieux : la nuit venue, il restera des heures à contempler les étoiles. Le matin, il s'élancera dans la forêt, sondera le feuillage des arbres, scrutera leurs frondaisons. Hardi comme un bachi-bouzouk, il aura toujours la tête en l'air, sera toujours concentré sur son travail. Il mènera quelques observations erratiques puis établira un protocole de recherche, commençant par définir le régime alimentaire des bonobos afin d'évaluer leur rôle dans l'écosystème de la jungle. Il prélèvera leurs fèces, les villageois le prendront pour un fada. Il considérera la personnalité de chaque individu, décrira l'importance des séances d'épouillage pour entretenir les relations sociales, ne manquera jamais de comparer ses observations avec celles accomplies sur les chimpanzés en Tanzanie. Il abordera la fascinante question du sexe. Kano étudiera enfin l'importance du partage de la nourriture et l'attention que les membres du groupe se portent les uns aux autres, il s'émerveillera de leur capacité à coexister harmonieusement.

Il en conclura que les bonobos sont une espèce plus tolérante et plus pacifique que les chimpanzés. Moins agressive, plus féministe. Les chimpanzés sont des guerriers, dira-t-il, les bonobos des hippies. Il louera leur sensibilité, leur bienveillance, leur compassion. On pourrait dire que c'est un rêveur, mais il n'est pas le seul. Il dira que les bonobos préfèrent faire l'amour pour éviter les conflits plutôt que de se battre pour les solder – ce qui ne les empêche pas d'être parfois violents entre eux, ce ne sont pas des anges. Il émettra des hypothèses sur l'origine de l'homme, sur les sources de notre empathie, de notre besoin d'aimer et d'être aimés : si nous avons pu nous développer si rapidement dans l'environnement hostile de la savane, si nous y avons trouvé notre place malgré notre lenteur et notre faiblesse musculaire, c'est peut-être parce que nous avons su coopérer mieux que toute autre espèce animale. Et si c'était là notre unique force ?

ARCHIVES DE LA BROUSSE

Boussole cassée

Suesha Kuroda vit aujourd'hui à Kyoto, dans une maison basse au pied d'une montagne. Le primatologue rangé des expéditions y cultive une variété de menthe qu'il a acclimatée à partir de boutures prises sur les contreforts du Kilimandjaro.

« J'avais 26 ans quand nous sommes partis, en 1974. C'est la première fois que je quittais le Japon. À Wamba, j'ai dû me débrouiller seul pour organiser le travail d'observation des bonobos. Ma boussole s'est cassée, je me suis perdu à plusieurs reprises. Une fois, j'ai dû passer une nuit en forêt, je n'ai retrouvé mon chemin que le lendemain. À la fin de mon séjour, je n'avais plus d'argent, je ne pouvais plus payer les pisteurs. Certains proposaient de m'accompagner, mais leurs épouses les disputaient. Elles voulaient qu'ils rapportent de la nourriture pour le dîner. Je partais seul, je me nourrissais des fruits et des pelures que les bonobos rejetaient dans la journée. J'ai eu la malaria et d'autres fièvres, j'étais très faible, mais je partais quand même. »

11

Tonnerre de Brest

(12 octobre 2016)

En me levant pour m'habiller, sans doute distrait par le bazar que révèlent les lueurs du petit matin dans la chambre, ou par les ronflements des cochons vautrés contre la case, j'ai l'inconscience de vouloir mettre mon caleçon, un modèle en coton perlé gris souris, la couleur a son importance, sans m'encombrer d'aucune précaution. Je me penche pour saisir fougueusement mon sous-vêtement, prêt à l'enfiler d'un coup sec, à la hussarde, quand j'aperçois cette araignée plus grosse que ma main, cette monstrueuse araignée embusquée sur le périmètre de mon slip, cendrée, velue, souveraine, pupilles luisantes, crochets ouverts. Je ne crie pas, pour ne pas incommoder le sommeil des cochons, mais j'éprouve une sorte de frousse, accentuée par un vif sentiment de douleur par anticipation. Je chasse l'intruse à coups de tong, elle déguerpit dans sa tanière, parmi les piles de documents administratifs, les caisses de victuailles et les bouteilles vides. Précautionneusement, c'est-à-dire en faisant attention à ne pas mettre le pied sur une autre bestiole, je traverse la chambre pour mettre mon nez à la fenêtre. Carrée, sans carreaux, elle donne sur la cour de boue rouge et or, sur les cochons qui ronflent, sur un chevreau dont le bêlement est singulièrement semblable aux pleurs d'un enfant de 2 ans, sur les poules et les coqs empêtrés dans leurs intrigues de basses-cours, sur le cuisinier qui nettoie le panneau solaire et me fait un salut amical. À l'abri d'une cahute, d'autres employés discutent autour d'un feu, boivent du café, plaisantent avec Joël qui les a rejoints et partage avec eux les dernières nouvelles du monde – à Wamba, l'information n'arrive que par les voyageurs. Tout contre ce décor, la forêt. Puissante, compacte, mouillée, elle fume sous les rayons déjà chauds.

Toda et Okamura doivent y être depuis longtemps. Je les ai entendus échanger quelques mots de japonais avant l'aube, fumer une cigarette, regarder les étoiles, s'équiper pour la jungle et filer à l'anglaise. Puis il s'était mis à pleuvoir à nouveau et je m'étais rendormi. L'ondée a cessé à présent, j'observe le soleil dégouliner par les fentes et les interstices qui criblent le toit, j'écoute la cacophonie des grenouilles et les piaillements d'oiseaux. Au fond de la parcelle, un cercle de bambous mal taillés sert de palissade à la salle de bains : n'est-ce pas le moment de se faire un brin de toilette, un brin de lessive avant les prochaines pluies ? Trois pierres plates sont posées au sol pour éviter de s'embourber. Je m'asperge avec le seau d'eau puisée dans le bidon de la case cuisine, je savonne énergiquement mon linge et l'étends sous le soleil toujours plus généreux. Vue de l'extérieur, la case des Japonais est similaire à toutes les autres cases. À l'intérieur, elle ressemble à une grange, avec ses solives empêtrées dans d'épaisses toiles d'araignées et son désordre caractéristique des vieux garçons fâchés avec les tâches ménagères. Au mur, une large carte satellite du Congo révèle combien la jungle est en sursis – les zones de forêt encore vierge prennent la forme de peaux de chagrin. Juste en dessous, l'étagère est encombrée de mangas poussiéreux, d'exemplaires du *National Geographic* tachés d'humidité, de livres de zoologie, de bombes d'insecticide piquetées de rouille, de talkies-walkies en panne, de boîtes d'allumettes vides, de chargeurs de batteries, de câbles divers, de cadavres de mouches. J'erre seul dans la pièce principale, faiblement éclairée par un carré de plastique translucide incorporé au toit de chaume, je bois une tasse de café froid pour me revigorer, un album photo est posé sur la table. Il raconte en images la vie de quelques-uns des bonobos de Wamba. Un chercheur, peut-être Takayoshi Kano, a commencé à faire leur trombinoscope, avec un portrait de chaque individu, son nom, son âge et le groupe auquel il ou elle appartient. Mines curieuses, songeuses, surprises, inquiètes, concentrées ou rieuses, qui révèlent de plus belle la proximité de ces grands singes avec l'*Homo sapiens*.

Ils sont tout à côté, à 800 mètres ou à 2 kilomètres. J'attends Jacques, qui devrait passer d'une minute à l'autre afin que nous organisions une première excursion.

Il arrive en fin de matinée, s'excuse de son retard, sa fille est souffrante, puis se passe la main sur la figure pour en chasser toute trace de soucis et demande :

— Quel est le programme, monsieur Guillaume ?

J'évoque ma perspective d'approcher les bonobos, puisque nous sommes voisins, Jacques écarte les mains en signe d'impuissance.

— Il est tard pour aller en forêt. Le sol sera gorgé d'eau après les pluies de la nuit, les sentiers seront surchargés de fourmis qui vont nous harceler. De plus, nous ne sommes pas à l'abri d'un autre orage. Non, il vaut mieux attendre demain. Mais nous pouvons visiter Wamba, si vous voulez.

À quoi ressemble Wamba ? Pendant le trajet qui m'a mené jusqu'ici, pendant les longues heures de pirogue ou de moto qui m'éloignaient chaque jour davantage de la civilisation, du réseau téléphonique et des réfrigérateurs, il m'arrivait de redouter de me voir englué dans l'atmosphère sinistre et oppressante du repaire de Kurtz, tel que Joseph Conrad le décrit dans ses *Ténèbres* : pour l'instant, j'ai plutôt la surprise de découvrir une ambiance désordonnée, certes, mais joviale ; spartiate, mais spontanée. Je pense alors aux images du dispensaire qu'avait édifié le docteur Albert Schweitzer à Lambaréné, dans la forêt gabonaise, au début du XXe siècle – avant d'obtenir le prix Nobel de la paix, en 1952, ce précurseur de l'action humanitaire et du sentiment écologique avait construit un hôpital modèle dans la brousse, un palais idéal. Jacques tempère aussitôt mon lyrisme. Une inquiétude plane, prévient-il en sortant de la case. Une détresse.

Toujours porté sur la connaissance, il retrace la genèse des malheurs de Wamba tandis que nous sortons de la parcelle des Japonais. À l'époque où Kano est arrivé, l'économie était stable, professe Jacques. Nous avions une plantation de café qui tournait bien, et de nombreuses autres cultures. Nous pouvions écouler nos marchandises toutes les semaines par pirogue. Nous avions des bicyclettes, des vêtements, les routes étaient entretenues et nous mangions à notre faim. Avec la zaïrianisation, les transports se sont taris, les moyens de communication ont commencé à se périmer, l'argent n'a plus eu de valeur et c'est finalement le dollar qui est devenu la monnaie de référence. Puis il y a eu des troubles et des guerres à partir des années 1990. Quand Mobutu a été chassé du pouvoir en 1997, l'Équateur, sa province d'origine, a été complètement délaissée par les nouveaux dirigeants. Le peu qui fonctionnait encore s'est délité. Il n'y a plus eu de routes, plus eu de ponts, plus eu d'hôpitaux, plus eu de plantations. Nous n'avions même plus de vêtements, certaines personnes recommençaient à s'habiller en raphia, avec des fibres de palmier comme nos ancêtres. Nous n'avions même plus de soude caustique pour fabriquer notre savon, alors nous composions une mixture avec des fleurs pilées, des cendres et de l'huile de palme.

La rue principale de Wamba est la piste qui mène à Djolu. Devant chaque case, une flopée d'enfants joue, piaille, s'ennuie ou nettoie la marmite familiale avec une poignée de feuilles en guise d'éponge. Combien y a-t-il d'habitants ?

— Je ne sais pas exactement, répond Jacques. Je dirais 8 000.

Puis, quelques secondes plus tard :

— Ah, nous allons le savoir tout de suite, voici le recenseur.

C'est un homme d'une cinquantaine d'années qui vient à notre rencontre sous le soleil étincelant, un cadavre d'antilope sur le dos. Le recenseur m'explique que le groupement de Wamba est constitué de cinq villages contigus, Yokose, Yopete, Yowala, Yasongo et enfin Yayenge, où sont établis les Japonais, et que ce groupement compte au total 7 495 citoyens. Nous avons beaucoup de naissances, mais notre taux de mortalité est également important, tempère-t-il. Très rares sont les personnes qui dépassent les 70 ans. Nous mourons de tout, de malaria, de hernies, de diarrhées, même nos enfants succombent en pagaille. Et encore, nous avons de la chance, le sida ne se manifeste guère, bien que les gens ne se protègent pas.

Le nœud de tous nos problèmes, c'est la pauvreté, me confie Jacques un peu plus loin. La population pourrait cultiver des parcelles de café, mais il n'y a plus de réseau d'écoulement des marchandises, ce qui décourage les initiatives, comme je vous l'ai déjà dit. Les habitants sont persuadés qu'il ne leur reste que la forêt pour assurer leur subsistance alors ils braconnent ce qu'ils peuvent, ils évitent de s'en prendre aux bonobos, mais il est arrivé plusieurs fois que les singes soient pris dans leurs pièges. Et ils en veulent aux Japonais, qui viennent avec leurs mises en garde écologiques plutôt que de créer un contexte favorable au développement. Ils leur en veulent de ne pas avoir développé Wamba pendant les quarante années de leur présence. La situation n'est pas simple, monsieur Guillaume, car les scientifiques font des efforts de leur côté, ils ont construit un centre de santé, ils ont financé quelques bourses universitaires, j'ai d'ailleurs bénéficié de l'une d'elles pour passer ma licence de biologie. Ils apportent un peu de fournitures scolaires, ils ont payé les tôles qui recouvrent les toits de l'école primaire.

C'est devant cette école que nous arrivons : deux cases en briques d'adobe, toutes deux couvertes par les fameuses tôles grises. Dans son bureau minuscule, courbé sur une table d'enfant, le directeur, qui se prénomme Jean-Louis, note une suite de chiffres sur un cahier gondolé. Murs décrépis, vieille carte géographique du Zaïre, mouches en surnombre, quatre poules.

— Il est vrai que les Japonais ont fourni les tôles de nos bâtiments, concède Jean-Louis, ainsi qu'un globe terrestre, une pendule, quelques craies et un ballon de football, et nous les en remercions. Mais nous manquons de beaucoup d'autres choses. Nous manquons de ciment pour le sol, de tableaux pour les classes, de bancs, d'armoires. Nous accueillons 145 élèves répartis en six classes. Les parents nous financent un peu, ils donnent ce qu'ils peuvent pour assurer la scolarité de leurs enfants, mais ce n'est pas suffisant. Vous savez, l'argent circule rarement à Wamba. On paie plutôt en nature, avec de la viande, du poisson, ou du lotoko.

L'école secondaire, sur la parcelle voisine, existe depuis seulement quatre ans : les classes sont encore plus rudimentaires. Les murs de torchis s'effritent, le toit de palmes s'affaisse, les élèves nous dévisagent comme si nous étions des olibrius lorsque nous traversons la pelouse miteuse qui sert de cour de récréation. Monsieur Alphonse, le directeur, nous souhaite la bienvenue dans son bureau, un bureau sommaire ici aussi : il n'y a pas même une table, l'homme prend des notes sur des feuilles posées sur ses genoux. Ce qui ne l'empêche pas de porter beau, pantalon clair et chemise noire à gros pois verts. Mais son établissement manque de tout.

— Nous n'avons même pas accès au programme national, soupire l'élégant trentenaire. J'ai dû monter à vélo jusqu'à Djolu pour le photocopier auprès de collègues enseignants.

Cent adolescents sont répartis dans les six classes de ce collège de brousse. Leurs parents vivotent de pêche, cultivent un peu de manioc et de légumes, cueillent ce qu'ils trouvent dans la jungle – des champignons, des ignames, des feuilles, des fruits, mais aussi des chenilles et du miel. Ils braconnent quand ils en ont l'opportunité, épargnent autant que possible les bonobos, mais tuent tous les autres animaux.

— Ils disent qu'ils arrêteront de chasser quand les Japonais leur accorderont des compensations, remarque Jacques.

Je conjecture, idée folle, que ce serait peut-être davantage le rôle du gouvernement congolais de prendre en compte ses habitants, de mieux soigner la faune et la flore nationales. Mais cette pensée sauvage ne semble même pas effleurer les réflexions des riverains, tant ils ont cessé d'espérer quoi que ce soit de Kinshasa. En attendant Godot, l'écosystème agonise et la forêt devient de plus en plus muette. Le soleil, au zénith, nous accable un peu plus quand nous reprenons notre chemin, nous devons compter sur l'ombre des arbres pour ne pas nous dissoudre dans ses rayons verticaux. Malgré la chaleur écrasante, un commerçant pousse sa bicyclette surchargée de bidons de lotoko pour les vendre à Djolu, qu'il atteindra demain soir s'il n'est pas ralenti dans sa route ; un amateur de rythmes s'entraîne à jouer de la batterie sur des peaux de bêtes ou des jerricans vides ; un père de famille taille sa pelouse à la machette, courbé sur sa terre. Jacques reconnaît que certaines familles se prennent en main, essaient de bonifier leur existence, épargnent pour acheter un panneau solaire, mais que ces familles ne sont pas abondantes à Wamba. La plupart des habitants n'ont pas de méthode, s'excuse-t-il. Et de toute façon, ceux qui s'échinent à cultiver ne peuvent écouler leur production. Vous savez, le maïs a remplacé le café parce que c'est la matière première pour produire le lotoko. C'est devenu notre unique spécialité. Mais beaucoup d'alcool, ça n'encourage pas à travailler, monsieur Guillaume. Ça aurait plutôt tendance à nous rendre malades.

J'en profite pour lui demander si je ne pourrais pas rencontrer le guérisseur ou même le sorcier, Jacques me propose de passer chez le pharmacien, qui est à 200 mètres. Il s'appelle Dieu-Merci et vend essentiellement des antibiotiques, des vitamines et de la quinine, les médicaments sont acheminés par moto ou à vélo. Dieu-Merci n'a aucun diplôme en pharmacie, mais il est fier de m'annoncer qu'il a suivi des études de pédagogie. Un commerce l'avoisine, c'est une sorte d'épicerie-droguerie achalandée de savons, de sachets de sel, de lait en poudre, de vêtements pour enfants, de tomates en boîte, de bouillon cube et de lait de beauté.

— À l'ère coloniale, il existait plusieurs commerces le long de la piste, rumine Jacques. Des vendeurs de pagnes, de vaisselle, de bougies, des réparateurs de vélos. Tout ça a disparu. Les bâtiments qui abritaient ces boutiques se sont totalement effrités, ils n'existent plus.

Et nous arrivons au marché, un modique bout de terrain acculé à la forêt, traversé par trois rangées d'étals sur lesquels s'empile le même bric-à-brac : lampes torches, piles, tongs, clopes, bottes, clous, petites culottes et soutiens-gorge. Uniquement des produits de première nécessité. Mon guide rappelle que cet aménagement a été financé par les Japonais et ne dissimule pas son irritation quand il repère une boîte de cartouches pour gros gibier : il engueule copieusement le commerçant qui les vend, lui reproche de faire de la provocation et continue son chemin en maugréant, jusqu'à ce qu'un vieillard coiffé d'une casquette rouge vienne nous saluer. Jacques lui explique l'objet de ma présence, le vieux n'écoute rien, mais me demande si je n'ai pas du collyre pour les yeux, si je veux bien lui financer l'inscription scolaire de ses petits-enfants, ou *ne fût-ce que* des piles pour sa torche. Plus loin, un autre vétéran sort de sa case. Il s'agit de Nkoy Batolombo, le premier pisteur de Takayoshi Kano. C'est lui qui l'a guidé auprès des bonobos lorsque le scientifique a débarqué en 1973, la fleur au fusil et les bas de pantalon maculés de boue rouge. Le vieil homme a noué une relation forte avec le primatologue, ses souvenirs affluent, en vrac : Après la forêt, nous buvions du lotoko dans la cour. Kano parlait bien le lingala. Je le surnommais *bobomgo beokele*, le troueur de la forêt, puisqu'il avait fait percer de multiples pistes dans la jungle, à la machette, pour mieux suivre les bonobos dans leurs déplacements. Je leur ai tout appris sur l'écologie des singes. Presque tout. J'étais un grand chasseur avant que les Japonais n'arrivent, j'ai rangé mon arc et mes flèches pour devenir leur pisteur, dit-il en levant le menton – dans *The Last Ape*, une photo le montre, torse athlétique et regard sauvage, en pleine force de l'âge. Aujourd'hui, à 68 ans, l'ex-seigneur de la jungle avance légèrement voûté, son regard trahit sa demi-ivresse, mais son corps est toujours robuste. Nous avons passé des milliers d'heures ensemble à marcher dans la forêt, raconte-t-il encore. Nous étions de grands amis.

— Et quel est votre meilleur souvenir ?

— Avec Kano ? Le jour où il m'a acheté des tôles pour couvrir ma maison.

Effectivement, sa case est tôlée, ce qui marque une différence par rapport aux autres habitations. Et là, Nkoy Batolombo se met à grimacer, comme s'il était pris de soudaines douleurs intestinales, puis fait remarquer que c'est bien d'avoir des tôles, mais qu'il n'a pas de vitres à ses fenêtres et qu'il aimerait avoir des vitres à ses fenêtres, que si je voulais bien lui en fournir, *ne fût-ce que des carreaux à simple vitrage*, ce serait aimable. Takayoshi Kano lui en avait promis la dernière fois qu'il est venu, en 1996, puis il y a eu la guerre, puis le Japonais a pris sa retraite et ils ne se sont plus jamais revus. Je lui dis que je ne sais pas, qu'on verra, qu'on doit y aller, là. Le vieux se met à éructer quelques phrases en japonais de sa voix rocailleuse et c'est un coup de tonnerre qui lui répond. La pluie s'approche, mais nous avons encore le temps d'aller au dispensaire, estime Jacques. Tandis que nous nous éloignons, Nkoy Batolombo gueule dans ma direction, en français maintenant, moitié implorant, moitié mugissant : Ne rentre pas en Europe avec tes dollars ! Nous en avons besoin !

Dans cette forêt reculée, dans ce jardin d'Éden en friche, Wamba survit avec moins que rien. Contraste spectaculaire : d'un côté, la jungle, grouillante de vie et d'énergie, qui enchevêtre ses opulences jusqu'au plus près du village. De l'autre, des cases en terre, meublées au mieux d'une table rafistolée et de deux chaises en bambou, où il n'y a rien à manger, rien à lire. Il n'y a pas d'obèses à Wamba, on s'y nourrit un peu moins qu'à sa faim.

Le centre de santé se situe au bord de la rivière Lokuli – un affluent de la rivière Maringa, que les habitants appellent Luo en langue longando. Là encore, ce sont les Japonais qui ont financé sa construction. Pas d'originalité architecturale : il s'agit d'une longue case, recouverte de tôles. Dans la salle d'accueil, le Serment de l'infirmier est punaisé au mur (« Je me souviendrai sans cesse que, dans ma profession, l'indiscrétion est un défaut, la sécheresse de cœur une tare, la négligence un crime. »).

Un homme râblé apparaît, essoufflé, affairé, c'est Léonce Tokind'In. Il semble soulagé lorsque nous lui annonçons que nous ne venons pas pour une consultation médicale et accepte de bonne grâce de nous faire visiter l'établissement qu'il gère avec les moyens du bord.

— Nous sommes neuf à travailler ici, commence-t-il. Un infirmier et huit auxiliaires.

L'infirmier, c'est lui. La dernière opération qu'il a réalisée, c'est une appendicite, hier matin.

— Nous opérons à la lumière du jour. Nous sommes sous-équipés, que voulez-vous que je vous dise de plus ? Pour l'anesthésie, nous utilisons de la kétamine, c'est ce que vos vétérinaires utilisent en Europe pour endormir les chevaux. Nous n'avons pas de tensiomètre, pas de microscope, pas de lits d'hospitalisation. L'électricité, nous en jouissons à peine, nous possédons quatre panneaux solaires de 12 volts. Le linge, nous le lavons à la rivière.

La salle d'accueil s'ouvre sur trois portes, aux destinations indiquées en lettres manuscrites : Consultation, Soins, Pharmacie. La porte de la pharmacie est cadenassée et Léonce n'a pas la clé avec lui, la salle de consultation est vide. Nous nous engageons dans le couloir qui mène aux différentes pièces de soins, quelques malades gisent dans la pénombre, râlant timidement.

— Nous nous occupons des naissances aussi, poursuit Léonce en haussant légèrement la voix pour couvrir leurs gémissements.

La porte du bloc opératoire a du mal à s'ouvrir, tant le sol est inégal. Je la pousse d'un coup d'épaule : cinq chèvres sursautent en nous voyant entrer comme des rustres et détalent aussitôt par la fenêtre, qui n'est pas vitrée. Une nuée de papillons s'envole et disparaît dans le ciel – des terre de Sienne, des cognac, des champagne. Le bloc est meublé d'un buffet, où sont rangés les instruments chirurgicaux, et d'une table en bois, billard rustique auréolé de taches rouge-brun. Léonce hoche la tête en indiquant le jardin rabougri qui expire sous la fenêtre :

— Et nous n'avons même pas d'engrais chimiques pour faire pousser notre potager.

•

Quand nous sortons, les nuages se sont déployés en ordre de combat. Jacques presse le pas, le tonnerre reprend, les feuillages papillotent. Au fur et à mesure que nous avançons dans cet air électrique, nous percevons les battements lancinants d'un tam-tam, bientôt accompagnés par des chants de femmes. S'agit-il d'une fête ? J'entends Jacques ronchonner, comme s'il se parlait à lui-même :

— Finalement, les seules infrastructures qui ont survécu à la guerre, ce sont les églises.

Il fait quelques pas et reprend :

— Voilà Wamba ! Des cases en poto-poto, aucune activité économique, mais toutes les déclinaisons bibliques. Des protestants, des catholiques, des brahmanistes, des témoins de Jéhovah, des kimbanguistes, des kitawalistes... Les habitants veulent croire que Dieu va répondre à toutes leurs demandes sans qu'ils aient besoin de travailler.

Le tam-tam s'arrête, on entend un homme prendre la parole et son auditoire répondre Amen.

— C'est l'Église protestante. Le culte a lieu deux fois par jour. Deux fois par jour ! L'après-midi à 14 heures et le matin à 4 heures ! Et ils sont tout aussi bruyants la nuit que le jour. J'en sais quelque chose, j'habite à côté.

Il m'indique sa maison – une autre hutte en adobe recouverte de feuilles – et j'aperçois des dizaines de sandales de toutes les couleurs éparpillées devant l'entrée de la case voisine. J'aimerais bien voir à quoi ressemble ce culte que l'on pratique pieds nus. Jacques me laisse y aller seul, je me déchausse et me faufile dans la chapelle, aussi discrètement que possible.

Cent paires d'yeux se braquent aussitôt sur ma peau de *Mundele*, je n'imaginais pas qu'autant de personnes puissent entrer à l'intérieur d'un bâtiment d'apparence si réduite. Essentiellement des femmes et leurs enfants. Tout le monde me regarde, mais le culte ne s'interrompt pas pour autant, la musique est toujours aussi entraînante. Il ne s'agit pas d'un tam-tam, mais d'un tronc creux sur lequel un fidèle tape ses rythmes avec deux maillets. Plus tard, j'apprendrai que cet instrument s'appelle le lokole et qu'il ne sert pas qu'à animer les églises et faire danser les mamans, c'est aussi le téléphone de la jungle : les initiés peuvent propager des informations de loin en loin à travers la brousse, les nouvelles s'échangeaient de cette manière auparavant – à Wamba, elles continuent de circuler ainsi, puisqu'il n'y a ni poste ni réseau téléphonique, puisque les ondes radio arrivent de manière aléatoire. Dans la chapelle de brousse, le lokole donne la cadence, femmes et enfants chantent à tue-tête et le pasteur est content. Il entame un prêche ardent, les fidèles applaudissent, les chants reprennent, on danse maintenant, sans retenue, la poussière vole autour de nous. Si toute cette énergie était employée à réparer, construire, bâtir, sarcler, le village n'irait-il pas déjà mieux ? Mais, en même temps, quel sens peut avoir l'action si elle n'est accompagnée par nul rêve, par nul espoir ? Je ne sais plus quoi penser quand le rythme s'arrête, brusquement. C'est fini. Les deux heures de culte sont terminées. Je m'apprête à sortir comme tout le monde, à retrouver mes tongs parmi l'écheveau de savates et de babouches qui nous attend dehors, mais le pasteur vient à ma rencontre. Il se présente, Prosper Iatu, et m'invite à le suivre dans son habitation qui jouxte l'église. Nous nous installons sur deux chaises en plastique, Prosper évoque son sermon du jour sur les querelles entre les différentes églises du village.

— J'en veux particulièrement aux sectes, s'agace-t-il. Elles sont dirigées par des vantards. Ils se croient supérieurs dans leur foi et tordent les versets bibliques dans le but de nous prendre nos fidèles.

Du coup, Prosper a choisi de résister avec la musique, avec le joueur de lokole qui tape allègrement sur son tronc creux à chaque cérémonie. Ça retient du monde, ça fait même venir de nouvelles têtes. Quand notre conversation bifurque sur les scientifiques japonais, l'homme commence par exprimer de manière très posée que ceux-ci ont élevé le niveau intellectuel de Wamba et apporté un peu d'argent frais.

— Ils font marcher l'économie locale en embauchant du monde, ils achètent nos fruits et nos légumes. Les villages des alentours n'ont pas la chance d'héberger tous les ans des étrangers.

Mais son discours se radicalise peu à peu. Il regrette que les habitants ne tirent aucun revenu de leur participation à la gestion de la forêt, car ils contribuent au succès des scientifiques à leur manière en veillant à ne pas tuer tous les bonobos. Une rafale de vent tiède fait voleter le pagne qui tient lieu de porte, le pasteur s'en contrefiche. Ses yeux brillent, il se lève et poursuit :

— Les Japonais auraient pu transformer Wamba en cité modèle et qu'ont-ils fait ? Qu'ont-ils accompli pour nous ? Wamba est la succursale de la chaire d'anthropologie de l'université de Kyoto, c'est la succursale de l'Institut de recherche sur les primates d'Inuyama, c'est un terrain d'observation unique au monde et nous n'avons rien obtenu en échange ! Rien ! Les protocoles d'accord ont été rédigés en notre défaveur, mais personne n'était suffisamment instruit pour s'en rendre compte.

Il s'agite, sa salive mousse autour de ses lèvres, il crie maintenant, il crie comme s'il prêchait et de nouveaux coups de tonnerre annoncent une de ces scènes d'apocalypse auxquelles je commence à m'habituer. Plus le pasteur s'emporte, plus son discours devient délirant.

— Voyez la concession des Japonais, leur case est sale, ET ELLE EST MAL AÉRÉE. Nous n'entretenons aucune relation solide avec eux. D'ailleurs, nous nous demandons parfois s'ils ne dissimulent pas d'autres activités frauduleuses sous couvert d'observer les bonobos. Vous-même, ne trouvez-vous pas suspect qu'ils courent derrière les mêmes singes depuis quarante ans ?

J'essaie de l'apaiser en lui faisant remarquer que Takayoshi Kano a durablement marqué l'histoire de la primatologie et qu'il a laissé de bons souvenirs chez les villageois, d'après ce que j'entends dire.

— Kano ? Lui-même ne s'est pas intéressé tant que ça à la population de Wamba, ne croyez pas les gens qui le flattent. Quand il est parti à la retraite, il ne nous a plus donné signe de vie. On dit qu'il était généreux en pagnes, en nourriture et en machettes, mais il était surtout généreux en alcool. Il a fait boire nos pisteurs pour les abrutir.

Alors une voix éraillée s'élève de l'extérieur et une bouche édentée apparaît dans l'étroite fenêtre – c'est Nkoy Batolombo, le premier pisteur de Kano. Il passait par là, il a entendu les vociférations du pasteur et vient le corriger.

— Non, ce n'est pas vrai ! Nous buvions déjà avant l'arrivée de Kano. C'est nous qui lui avons fait aimer le lotoko.

Kif-kif

Ikenge Lokake. Son nom signifie la foudre. Il est né en 1938, comme Kano, et a longtemps travaillé avec lui. Son visage est doux, sa veste trop grande pour ses maigres épaules. L'ancien pisteur ne voit plus, ses yeux sont atteints de cataracte : il pourrait se faire opérer à Mbandaka, à une semaine de moto et de pirogue, mais il n'ira pas, ça coûterait trop cher.

« Les Japonais n'ont pas amené de souffrances à Wamba. Mais ils n'ont pas amené d'améliorations non plus. »

12

Zouave

(1976-1996)

Les premières années d'investigation sont un enchantement. Un paradis, dira le primatologue. En 1976, vers Noël, son ami Toshisada Nishida, le collègue qui l'avait accompagné lors de sa première expédition, lui rend visite dans la jungle. Kano lui fait découvrir son domaine. Le soir, ils trinquent au lotoko, en listant tout ce qu'ils ignorent encore au sujet des bonobos. Les deux compères dorment peu : on les voit repartir avant l'aube, toujours pressés de se frotter à leur sujet d'étude, toujours impatients de se fondre dans la forêt où ils s'émerveillent en chœur. Oui, ces années sont un paradis pour le scientifique et un paradis pour les primates, libres de s'égayer n'importe où sans jamais craindre un coup de fusil ou une flèche empoisonnée.

Mais il n'y a pas de paradis sur la Terre, puisque ce genre d'endroit n'existe que dans nos espérances, que dans nos nostalgies : Kano en fait l'amère expérience et il pleure. Il pleure et il se fâche. En 1983, un premier bonobo se volatilise alors que le scientifique n'est pas à Wamba – comme par hasard. Il est sur l'île d'Okinawa, où il donne ses cours à l'université de Ryukyu. Au village, les pisteurs ne remontent aucune trace. Le bonobo n'a tout de même pas fait une crise cardiaque, si ? Oh, ce serait possible, tout comme il aurait pu se faire mordre par un serpent ou dévorer par un léopard, mais on trouve cette disparition bizarre. L'année suivante, un nouveau bonobo manque à l'appel. C'est un jeune mâle espiègle que les scientifiques avaient baptisé Goro. Là encore, les Japonais ne sont pas présents. Mais cette fois, les pisteurs ont entendu un coup de fusil, ils ont repéré les traces d'un chasseur et lui ont mis la main au collet alors qu'il dépeçait le cadavre. Pourquoi as-tu fait ça, crapule ? Le trappeur tropical espérait vendre la viande au marché de Djolu. Il en aurait tiré l'équivalent de 15 dollars.

Le ravissement prend fin. Kano le redoutait depuis un moment, il savait que les bonobos étaient menacés comme le sont tous les grands singes d'Afrique et du monde, comme le sont toutes les espèces animales et comme le sont les rêves trop purs. Le danger vient des braconniers, mais pas uniquement. Il y a la pauvreté qui s'installe, oui, la pauvreté, même au Zaïre qui semblait si bien parti au début des années 1970 : quand les enfants pleurent de faim, on est moins à cheval sur les principes. Un bonobo, c'est 45 kg de bidoche, ce n'est pas rien. Et puis, le tabou de Wamba n'est pas appliqué dans les villages des alentours, on trouve toujours des acquéreurs. Enfin, la forêt commence à se faire rudoyer de tous les côtés : par les bûcherons, qui la saignent sans égard, par les compagnies minières qui puisent jusqu'à la lymphe de cette terre prodigue, par les spéculateurs qui défrichent de nouveaux champs pour cultiver davantage de café – ils ignorent que tout va se désagréger quelques années plus tard quand le pays sera si mal en point, si mal géré, que les récoltes ne pourront plus être acheminées jusqu'à Kinshasa. Deux bonobos ont été éliminés en deux ans, il faudra s'attendre à d'autres disparitions. Il faudra se tenir sur ses gardes, être vigilant. Mais comment procéder quand le décorum est si dense, si embrouillé, si mystérieux ?

La décennie avait mal commencé. En 1982, un scientifique invité à Wamba fauche un jeune homme sur la piste, sa jeep roulait trop vite. L'adolescent succombe à ses commotions et les Japonais doivent faire profil bas devant l'indignation de la population, devant l'agacement transformé en courroux. Cette année-là, on entend aussi de troublantes rumeurs concernant des concitoyens employés dans les mines de Lubumbashi, 2 000 kilomètres au sud du pays – là où le sous-sol est odieusement riche, là où des entreprises nippones avaient investi au milieu des années 1960 alors que l'archipel entamait son boom économique. Pendant dix ans, les affaires marchent à merveille, cinq tonnes de cuivre et de cobalt sont puisées quotidiennement. Et des milliers de travailleurs japonais se relaient dans cet eldorado, des hommes seuls, venus pour un an ou deux, sans leur famille. Des hommes qui triment chaque jour, sans jamais sortir de leurs baraquements afin d'économiser leur paie, qui envoient l'argent toutes les semaines ou tous les mois dans leur foyer. Un soir, ils sont pris d'un désir qui les bouleverse : ils veulent sentir d'autres parfums que celui de la terre et de leur sueur, ils ont besoin d'entendre des rires, ils envisagent de s'enivrer. Ils descendent se promener dans la ville, entrent dans un bar, commandent une première bière, admirent la beauté des femmes, certains osent les aborder, certains qui parlent quelques mots de swahili ou qui ont assez de bagout pour ces choses-là. Ceux-là ne rentrent pas toujours au campement la nuit, et un enfant naît parfois de ces unions de circonstance. Les rumeurs qui arrivent à Wamba disent que plusieurs de ces bébés métis ont été tués à leur naissance au cours des années 1970 : le docteur japonais de la compagnie minière prenait le nourrisson à la mère, « pour l'examiner », et le nourrisson mourait mystérieusement le lendemain. Les enfants qui n'étaient pas tués étaient abandonnés, l'ouvrier ne voulait pas rapatrier cette progéniture dans son archipel, c'était impensable, c'était beaucoup trop de complications, pourquoi ne pas emmener aussi la mère tant qu'on y était. La rumeur se propagera chichement et restera toujours obscure. Elle est vite étouffée car Mobutu tient à garder de bonnes relations avec l'empereur Hirohito, alors qu'il est sur le point d'inaugurer un édifice monumental érigé avec le soutien de la coopération japonaise : le Pont Maréchal, flamboyante superstructure de métal et de béton, qui enjambe le fleuve Zaïre au-dessus du port de Matadi, juste avant l'embouchure, 722 mètres, le plus long pont suspendu du continent africain.

Mobutu, parlons-en. Après ses grands discours en faveur de la nature, après s'être autopromu maréchal, après ses petits soins envers les plénipotentiaires nippons, il envoie un détachement capturer manu militari deux bébés bonobos au printemps 1987. Les pisteurs de Wamba sont forcés d'obtempérer : ils emmènent les briscards dans les sentiers amoureusement tracés par Kano et dénichent deux jeunes. Les mères sont abattues à la kalachnikov, ainsi que trois mâles qui s'étaient interposés pour les défendre. Mission accomplie, les soldats rentrent au palais présidentiel avec leurs deux poupons effrayés – que Mobutu offrira à un souverain de passage et qui mourront certainement quelques semaines plus tard, puisque les bébés privés d'affection maternelle se laissent dépérir.

Quand il apprend ce massacre, Takayoshi Kano est dégoûté. Ses bras lui semblent lourds, comme s'ils étaient en cuivre. Il trouve la force de lever un sourcil, sa lèvre tremble, les phrases tournent dans son crâne, il rumine. Sa colère monte comme la lave d'un volcan, elle fera bientôt surface. Tout le travail accompli, toutes les heures passées dans la jungle, toute la proximité patiemment établie avec les bonobos, tout cela est éliminé d'une pichenette à cause d'un caprice du *Papa Maréchal* ? Que croit-on qu'il fasse depuis vingt ans entre l'Afrique et le Japon ? Le zouave, peut-être ? Et les pisteurs qui se lèvent à 4 heures du matin, qui affrontent chaque journée la boue et les épines pour des clopinettes, et qui continuent de veiller sur les singes en son absence, ils font les zouaves également ? Et les scientifiques qui l'épaulent depuis leurs laboratoires, et les étudiants qui l'accompagnent dans la brousse, ce sont des zouaves aussi, sans doute ? Kano débarque en urgence à Wamba, les pisteurs lui racontent l'histoire telle qu'elle s'est déroulée, il remonte aussitôt dans sa jeep pour enguirlander le chef de territoire à Djolu, peut-être que lui aussi considère que son travail consiste à faire le zouave dans la forêt ? L'administrateur est décontenancé, il n'avait jamais vu Kano sous ce jour, il tente de le radoucir, Calmez-vous, monsieur Takayoshi, je n'y suis pour rien, voyons, oh et puis zut, si vous voulez vous plaindre allez directement voir le président.

Kano n'est pas un kamikaze, il préfère se calmer. Il retourne sur les traces du carnage à Wamba, il a besoin d'être seul dans la forêt. Sa colère se transforme en déception, en profonde déception à l'encontre du genre humain. Il a candidement consacré sa vie à révéler combien les bonobos sont proches des *Homo sapiens*, à lister les caractères que nous avons probablement hérités d'eux, à révéler l'importance du noyau familial dans leurs sociétés comme dans les nôtres, et tout ce que retient le *Guide suprême* c'est qu'il y a un bon coin à bonobos à Wamba, qu'on peut les y cueillir comme des mangues ? Et ce n'est pas fini : d'autres amateurs de ball-trap viendront certainement, le mot va circuler, la menace est installée maintenant et on peut faire confiance à la bêtise humaine pour l'alimenter. Puis viendront les guerres dans les années 1990. Plusieurs groupes de bonobos fuiront définitivement la région, ou bien ils seront exterminés.

Le primatologue erre dans l'écho des balles tirées sur les bonobos le mois dernier, caresse l'écorce des arbres, s'assoit au bord d'une source. Cette année 1987, il a été nommé professeur à l'université de Kyoto, au prestigieux Institut de recherche sur les primates – là où Kinji Imanishi et Jun'ichiro Itani avaient fondé leur département de recherche au début des années 1960. Kano ne savoure pas cette promotion, il est trop indigné, trop blessé, mais il suppute que sa nouvelle position lui donnera davantage d'autorité et de crédibilité. Quand il ressort de la forêt, il a une vision très claire, très ferme, de ce qu'il va entreprendre ces prochaines années : il va protéger ses grands singes, il va agir pour décourager les braconniers et, pourquoi pas, créer un parc naturel. Il boit un peu de lotoko et se lance dans la paperasserie, rencontre des ministres, glisse des enveloppes garnies de billets de banque puisque c'est ainsi que les affaires fonctionnent au Zaïre, rédige un projet en 60 exemplaires et l'expédie à tous les organismes concernés. Il y rappelle la rareté des bonobos, évoque les signes positifs qu'une zone protégée enverrait à la communauté internationale, fait miroiter les avantages que cela pourrait rapporter, les aides financières qui viendraient plus facilement. Un dialogue s'installe avec le Centre de recherche en sciences naturelles – qui deviendra par la suite le Centre de recherche en écologie et en foresterie, c'est-à-dire le CREF de Jacques. Un périmètre de 250 km^2 est d'abord établi au nord et au sud de la rivière Luo : on en fera une réserve scientifique, mais pas un parc national, qui aurait signifié l'évacuation de tous les hommes – ce qui était plus compliqué à imposer. L'objectif de cette réserve scientifique sera de protéger les bonobos, de les épargner, de maintenir l'esprit de coexistence qui prévalait jusque-là entre les hommes et les animaux, pour que les Japonais puissent poursuivre leur tâche.

Alors, Kano a toujours son idée de paradis qui lui trotte dans la tête. Les habitants continueraient de jouir de leur forêt, mais ne pourraient plus tuer de bonobos ni même en capturer ; ils pourraient continuer à chasser les autres animaux de manière traditionnelle, mais les armes à feu seraient bannies ; et ils n'auraient plus le droit de défricher de nouvelles parcelles de forêt primaire.

La réserve est officiellement reconnue par le ministère de l'Environnement en mars 1990, elle tardera à se mettre en place de manière effective puisque la nouvelle décennie sera truffée de troubles et de violences. Et les villageois s'en méfieront, dès le début : ils diront qu'ils ont pris l'habitude d'être ignorés, que ça ne les dérange pas d'être des relégués, mais qu'on leur laisse au moins leur liberté. Les Japonais s'engagent à entretenir les routes, à bâtir un centre de santé, à soutenir l'éducation. Ils le feront, mais ce ne sera pas assez au regard des habitants, ce ne sera jamais assez. Kano apportera pagnes, machettes et lampes de poche, il veillera à donner du travail à tout le monde dans le village, ou au moins à un homme ou une femme de chaque famille, mais ce ne sera pas si simple et puis il n'est pas la Banque mondiale, les crédits accordés par l'université de Kyoto et le ministère japonais des Sciences ne sont pas illimités. Des jalousies s'installeront. Kano ne se laissera pas abattre, il poursuivra ses recherches, consolidant la réserve des bonobos, cherchant même à l'étendre. Les pisteurs le surnommeront *Mote Makele* : celui qui n'abandonne jamais. Mais il deviendra ombrageux, se mettra parfois très en colère ou bien il ira dormir dans la jungle. Quand il tombera nez à nez avec un éléphant de forêt, il s'écartera sans précipitation, il n'en aura plus peur – de même qu'il n'aura plus peur de mourir. Les jours de pluie, il restera dans sa case, consultera des ouvrages de faune ou de flore équatoriale, écoutera le tonnerre. Il s'impatientera, lui qui aime tant que les choses soient faites en temps et en heure, mais le temps ne se régente pas, et encore moins en Afrique. Il mettra ses notes au propre, observera les araignées monter au plafond, caressera un chat et la pluie cessera. Il retournera dans la forêt, Comment s'appelle cet oiseau que l'on entend pépier, demandera-t-il au pisteur qui l'accompagne. Et celui-ci ? Et celui-là ? Il finira par savoir définir chaque cri, chaque chant, chaque murmure, comme s'il était un enfant du pays. Un matin, il emmènera ses guides pêcher au bord de la Luo. Ils y poseront des filets ou bien Kano leur montrera une curieuse technique qui consiste à faire effleurer à l'appât la surface de l'eau et à le remonter d'un coup sec avec sa gaule, comme si un insecte se posait et s'envolait.

Bien que reconnue officiellement, la réserve perdra beaucoup de sa valeur. Après le génocide rwandais, quand 2 millions de Hutus et de Tutsis fuiront au Zaïre, un état de guerre permanent s'installera dans le pays. Un premier conflit éclatera en 1996, Mobutu sera renversé l'année suivante et le Zaïre redeviendra la République démocratique du Congo. Une deuxième guerre sera déclarée en 1998, une grande guerre, une longue guerre, une sale guerre qui tuera des centaines de milliers de civils tous les ans, qui générera des millions de déplacés. Dommage collatéral, la population de bonobos sera laminée. S'ils étaient 100 000 dans les années 1970, ils ne seront plus que 12 000 ou 15 000 en 2002, quand le conflit prendra fin. La moitié des bonobos de Wamba auront disparu. Kano n'y retournera plus jamais : il ne s'en sera pas aperçu tout de suite, mais il aura commencé à vieillir et devra bientôt prendre sa retraite. Lors de son dernier séjour, en 1996, il se demandera : restera-t-il un seul bonobo sauvage en vie lorsque je mourrai ?

D'autres primatologues prendront sa relève en 2002. Takeshi Furuichi, son successeur à la tête de l'Institut de recherche sur les primates, réparera les toits qui s'étaient affaissés au cours des six ans d'absence des équipes japonaises. Le projet de réserve scientifique sera relancé – avec ses compensations dérisoires, mais que peut-on faire de plus ? C'est tout le pays qui sera en faillite et l'État ne fera même plus mine de s'intéresser au sort de ses habitants. Le nouveau président, Joseph Kabila, gérera ses mines et ses comptes en Suisse, ça lui prendra du temps, on n'imagine pas le temps que ça prend de s'enrichir. Alors, forcément, il sera moins disponible pour accompagner le développement de son pays, d'autant qu'il faudra organiser des dîners tout de même, et dormir, et jouer à la PlayStation. Et puis, regardez, il n'a pas rien fait du tout, il a passé un contrat avec une entreprise chinoise pour goudronner une route à Kinshasa. Il y a des engins, il y a des gravats, oui, regardez, il a refait la route en rasant tous les arbres qui offraient une ombre délicieuse sur les bas-côtés. C'est un premier chantier. Lors de sa campagne électorale, quelques années plus tard, il en promettra cinq. Il promettra aussi de veiller personnellement à la protection des bonobos, il promettra tout ce qu'on veut puisque ça n'engage à rien.

Au début des années 2000, une organisation américaine, la Bonobo Conservation Initiative, étendra le territoire de la réserve scientifique. La chasse aux bonobos y sera strictement interdite, promettra-t-elle, et la population riveraine bénéficiera elle aussi de mesures d'accompagnement, d'une clinique de brousse, d'une école, d'un peu de microcrédit. Elle sera épaulée par d'autres organismes, cela n'empêchera pas la population de bonobos de continuer à se réduire : la demande en viande ne cessera d'augmenter, surtout dans les villes, qui grossiront à vue d'œil au Congo comme dans toute l'Afrique – les animaux feront l'objet d'une traque intensive, au point qu'il n'en restera presque plus. Les bonobos adultes seront chassés, leurs petits capturés puis revendus comme animaux de compagnie et ils se laisseront mourir de tristesse. Ou ils seront adoptés par Claudine André et son association Lola ya Bonobo : dans les années 1990, quand le pays s'enlise chaque jour davantage, cette Belge installée à Kinshasa décidera de rester, de ne pas prendre la fuite pour l'Europe. Elle recueillera un premier bébé, le maternera comme une mère et le petit ne mourra pas. Elle sentira une bulle dans le cœur du petit singe, une bulle invisible qui s'appelle l'amour ou l'affection, et comprendra que cette bulle est vitale. Impressionnée par la ressemblance des bonobos avec les humains, elle se renseignera, lira les études de Takayoshi Kano, se procurera *The Last Ape* qui vient justement d'être traduit en anglais en 1992, suivra les travaux des autres chercheurs, ceux des Américains de Lomako, ceux de l'institut Yerkes aux États-Unis. Sa vie basculera à 43 ans :

elle abandonnera sa galerie d'art pour fonder un orphelinat de bonobos. Elle prendra les singes sous son aile, les nourrira, les laissera grandir dans un bout de forêt en banlieue de Kinshasa, puis les relâchera dans la vraie jungle quand ils seront prêts à renouer avec la vie sauvage.

Takayoshi Kano ne reviendra plus au Congo. Il aura passé des milliers d'heures à observer les bonobos grandir, jouer, méditer, somnoler, faire l'amour, s'épouiller, se jauger, se partager des bananes, construire des nids, on l'invitera à participer à des colloques sur les grands singes, mais ça l'ennuiera, ou plutôt ça l'incommodera. Il n'aime pas parler devant tout ce monde. À sa retraite, il entreprendra un grand voyage avec Noriko et leurs trois enfants. Ils iront en Tanzanie, qui est plus calme que le Congo. Il voudra passer du temps avec sa famille, il voudra l'emmener au soleil. Quelques années plus tard, en 2008, il sera victime d'un accident vasculaire cérébral qui lui paralysera le côté droit et devra réapprendre à parler, à se déplacer, à retrouver de la sensibilité dans la main, ça lui prendra plusieurs années. Il envisageait d'écrire ses mémoires, de raconter ses aventures africaines, il renoncera. De même qu'il ne voudra plus parler aux journalistes ou aux scientifiques qui viennent le solliciter de temps en temps. Il voudra qu'on le laisse tranquille.

Le trésor de Jacques

Jacques Batuafe m'avait prévenu : Monsieur Guillaume, j'ai un trésor à vous montrer. Dans le clair-obscur de sa case, il a disposé son magot en piles sur sa table de bambou. Ce sont des livres. Une soixantaine de livres aux couvertures sales, aux pages grasses. Des Fables *de La Fontaine auréolées d'humidité, des pièces de Molière, une méthode d'anglais aux coins écornés,* L'Étranger *d'Albert Camus,* Don Quichotte *de Cervantes, des poches de Stefan Zweig ou de Philippe Jaenada. Des Américains dans le texte, Ernest Hemingway, Charles Bukowski, John Steinbeck. Des romans laissés par les scientifiques passés par ici au cours des quarante dernières années. Jacques les conserve dans une malle, pour les protéger des termites, en attendant d'édifier une bibliothèque publique que les habitants viendront fréquenter à leurs heures perdues.*

« Mon projet n'est pas fou, monsieur Guillaume. Je vois à long terme, je travaille pour les générations futures. Si la population de Wamba n'a pas émergé depuis l'arrivée des Japonais, c'est que nous avons manqué de cadre. Il faut donc en poser un. Je veux que, par la lecture, les habitants connaissent leur place dans le monde. »

13

Zapotèques

(15 octobre 2016)

Batsindelia brise une tige et marque la terre de deux coups de talon, avant de bifurquer dans la pénombre d'un layon minuscule. Le pisteur balise sa route à chaque embranchement du grand labyrinthe, c'est son habitude, sa technique de Petit Poucet. Quelques étoiles scintillent encore au-dessus de la canopée, le décor grouille des bruits humides qu'exhalent grenouilles, insectes et oiseaux nocturnes. Parfois, une nuée de vers luisants nous ouvre le chemin : nous sommes partis avant l'aube pour assister au réveil des bonobos, Batsindelia en tête, Jacques et moi derrière. Hâte et mélancolie de voir ces proches cousins. Hâte de les voir enfin après toutes ces journées à en parler, toutes ces nuits à en rêver, et mélancolie de savoir qu'ils risquent fort de connaître le même destin que l'homme de Neandertal, le mammouth laineux ou le tigre de Tasmanie.

Nous marchons vers le sud, à la rencontre du groupe PE, un des cinq groupes de bonobos à évoluer dans les environs de Wamba. Ils sont plus de 150 au total – le nombre d'individus a augmenté depuis la dernière guerre. Les riverains arrivent à mieux respecter l'interdiction de chasse depuis quelques années, mais ils tuent tous les autres animaux, rappelle Jacques, fataliste. Il ne reste plus beaucoup d'animation dans cette forêt. On ne risque plus de croiser un éléphant. Le dernier léopard que nous avons vu, c'était il y a cinq mois. Il rôdait autour du village, il s'en prenait à nos chèvres puisqu'il n'y a plus de gibier. Nous l'avons abattu.

Dans les méandres du sous-bois, nous vadrouillons d'un pas vif. Je garde le nez en l'air par acquit de conscience, pour surveiller les frondaisons, pour être le premier à distinguer les nids de bonobos. Batsindelia sourit : il sait que nous n'y sommes pas encore, son GPS lui indique précisément où l'équipe de pisteurs les a laissés confectionner leurs couchages hier soir. Il brise une autre tige, donne un coup de botte dans l'humus et tourne à gauche, dans un autre layon engoncé dans la végétation prodigieuse. Odeur de musc, de champignons, odeur de la décomposition du bois pourri, de terre chaude et de feuilles moisies ; sol souple, traversé par des racines plus ou moins grosses, ou barré de troncs affalés, morts de vieillesse ou fauchés par une tempête. Grand, mince, fier, Batsindelia évolue sans bruit, non pas pour cueillir les bonobos par surprise, puisqu'ils sont habitués à se donner en spectacle à chacun de leurs réveils, comme des rois de France, mais juste pour le plaisir de se fondre dans la forêt. J'essaie de l'imiter en calant mes pas dans les siens, même si la paire de bottes en caoutchouc que m'a fournie Toda alourdit ma progression. Et quand Batsindelia s'arrête brusquement, je me cogne contre son dos. Nous approchons, souffle-t-il. Jacques me conseille de faire attention à ma tête, au cas où les bonobos laisseraient tomber des branches. Cela arrive parfois. On peut mourir assommé. Une chercheuse japonaise a été grièvement blessée de cette manière, elle est handicapée aujourd'hui. Batsindelia nous fait signe de nous taire, les bonobos sont au-dessus de nous, ils ne vont pas tarder à se réveiller, surtout si nous continuons nos bavardages. Oui, je crois distinguer des nids dans les entrelacs qui nous surplombent. Je fais le point, je cligne des paupières, je suis déjà saisi par cette beauté à venir quand Batsindelia me donne un coup d'épaule pour me signifier que c'est de l'autre côté que ça se passe. Dans un frou-frou royal, une silhouette émerge de son cocon de branchages, une silhouette longiligne qui se découpe en ombre chinoise à 15 mètres du sol. La silhouette nous a vus, bien sûr, elle nous a entendus, mais nous ignore majestueusement. Elle pousse un cri, comme un aboiement aigu. Une autre émerge à son tour, juste à côté. En quatre minutes, elles sont toutes réveillées, à bâiller et s'étirer. Mains parfaitement dessinées, longs doigts fins, dos robustes, traits graciles, port tonique, poils de suif, typiques rouflaquettes. Un mâle pisse du haut de sa branche, une femelle se cale contre un tronc pour allaiter son bébé, une autre se gratte négligemment le bas des reins. Batsindelia nomme chaque individu : Gai, Malusu, Kabo, Hide… Ils sont 24 dans le groupe. Pukka promène un regard blasé sur Jacques et Batsindelia, mais s'arrête sur ma trogne d'ahuri. Tiens, on ne le connaît pas celui-là. Gai se laisse glisser jusqu'à la branche la plus basse, son visage est à 5 mètres, il enfonce ses yeux noirs dans les miens avec toute la curiosité qu'ont les bonobos pour les hommes, avec cette façon intriguée de nouer le contact silencieusement, avec ce regard bienveillant qui contient une montagne de questions, avec cette attention sage qu'il maintient longuement, tout en scrutant mon âme. Il n'a pas peur de nous, il est sur son territoire, mais ne s'approche pas davantage. Quand il m'a bien détaillé, il sourit en montrant toutes ses dents et s'en va cueillir les fruits qu'il a repérés à 20 mètres. Des bokilas, souffle Jacques, dans mon dos – je l'avais oublié, tellement j'étais captivé par cette première rencontre. Les fruits qu'ils mangent s'appellent des bokilas, répète Jacques, et Batsindelia lui demande de parler moins fort.

Les deux hommes notent tout ce qu'ils voient, l'heure précise de chaque action, la nourriture consommée, les groupes qui se forment… Je sors mon carnet moi aussi, mais tant d'insectes viennent s'y poser que je n'ai bientôt plus de place pour écrire quoi que ce soit. Une femelle s'approche, son petit sur le dos, qui l'incite à s'avancer plus près pour mieux me lorgner : son regard est d'abord timide, comme celui des enfants face au nouvel invité dans leur maison. Le petit s'appelle Kale, annonce Jacques. Sa figure est plus claire que celle des adultes, avec de grands yeux curieux, et on dirait qu'il a des taches de rousseur. Kale crie, toujours cet aboiement aigu, un peu inquiet. Sa mère le prend dans ses bras pour le rassurer, le câline sans cesser de me tenir à l'œil. Sentiment de justesse, devant cette vie sauvage qui se déploie quelques mètres au-dessus de nos têtes. Sentiment que tout est à sa place, comme ça a toujours été depuis l'origine du monde, ou au moins depuis 10 ou 20 millions d'années – mais je dois me tromper puisque les bonobos ont certainement connu un tas de mutations au cours des millénaires, de même que l'*Homo sapiens* est le fruit d'un vaste buissonnement que l'on n'a toujours pas réussi à reconstituer intégralement, peut-être n'y arrivera-t-on jamais. Disons alors que je m'émerveille de cette symbiose avec la nature, de cette communion. Ou que je réalise combien cette scène est exceptionnelle, puisqu'il n'y a pas d'autre endroit au monde où l'on peut assister au réveil des bonobos sauvages aussi près des hommes. Oui, j'ai le sentiment d'assister à la scène la plus précieuse qu'il m'ait été donné de contempler dans la nature – j'ai pourtant nagé avec des dauphins, j'ai marché à côté des éléphants, j'ai entendu grogner un léopard dans les fourrés, à la nuit tombée, j'ai vu naître un poulain, j'ai même aperçu la grâce d'une biche au coucher du soleil, ses longs cils, ses yeux doux et humides. Mais cette rencontre avec les bonobos semble contenir quelque chose de *supplémentaire*, quelque chose qui dépasse la beauté animale, est-ce la profondeur de leur regard ?

Ils sont maintenant huit sur la branche de Kale et de sa maman. Huit bonobos débonnaires qui bâfrent leur petit déjeuner en bazardant leurs pelures de fruits à nos pieds, avant d'aller batifoler sur l'arbre voisin : ils y brisent une branche, qui tombe effectivement, à grand fracas, à 6 mètres de nos crânes. Vous voyez, j'avais raison, dit Jacques, qui se rapproche pour me suggérer de porter attention à leurs gestes : ils sont droitiers, comme les hommes en général, cela indique que l'organisation de leur cerveau est certainement analogue à la nôtre. Batsindelia se retourne, Jacques cesse aussitôt de parler et fait mine de prendre des notes. Oui, au fond, quelles infimes différences avons-nous gagnées – ou perdues ? Un dos glabre, des bras moins longs, un cerveau de joueur d'échecs, deux chromosomes en moins. Une histoire différente. La parole, qu'ils n'ont pas et ne peuvent acquérir puisque leur larynx ne leur permet pas de produire la plupart des sons des *Sapiens* – même s'ils savent très bien communiquer par signes dans les laboratoires américains. Mais les bonobos sont parfaitement adaptés à cette jungle. Bien plus adaptés que moi, qui sue dans mon K-Way et m'entortille une mèche de cheveux dans les feuilles crochues d'une plante carnivore.

Il est 8 heures, les mâles s'impatientent, ils veulent commencer leur journée. Nous les voyons s'élancer de branche en branche puis revenir en trois brachiations, comme pour faire leur gym. Je pensais assister à de lascives scènes de copulation dès le réveil, mais non. Rien. Deux bégueules s'épouillent pudiquement sur une branche élevée, ça ne va pas plus loin. Pourtant, de notre poste d'observation au ras des pâquerettes équatoriales, je distingue les parties génitales des femelles, leurs grosses lèvres turgescentes, aussi repérables que les lanternes à l'entrée des bordels. On ne voit même que ces monstrueuses protubérances rouge-rose, qui les empêchent de s'asseoir – celles qui sont aptes à procréer ne peuvent poser qu'une fesse sur leur branche, tellement leur organe est gonflé. C'est disgracieux, mais ça ne semble pas déranger les mâles. Au contraire, il paraît même que cela accroche leur regard tout autant que les seins des femmes chez les humains. Et cela ne bride nullement leur sexualité, une sexualité généreuse, abondante, pantagruélique quand ça leur chante. Une sexualité épanouie qui développe l'empathie, favorise l'égalité entre les individus et calme les tensions – c'est parfois aussi une façon épicurienne de solliciter quelques bananes auprès de celui qui en a. Les études menées sur les bonobos de Wamba ont permis d'envisager notre histoire en tenant davantage compte de l'attention portée aux autres, de la cohésion et de la coopération au sein du groupe. Circonscrits dans l'immense boucle du fleuve Congo, les bonobos ont évolué dans un environnement pacifique : sur l'autre rive, les chimpanzés ont toujours été en compétition avec d'autres singes pour accéder à la nourriture, notamment les gorilles, ces boules de muscles. Seuls primates à évoluer dans ce pays de cocagne avant que les *sapiens* ne débarquent, les bonobos n'ont pas été confrontés à cette menace, ils ont été plus disponibles pour développer leur curiosité envers leurs congénères et leur environnement. Frans de Waal, Néerlandais installé aux États-Unis, scientifique médiatique engagé dans les recherches sur les primates depuis plus de quarante ans, considère que les hommes ont hérité tout autant de l'un que de l'autre : ils sont querelleurs comme des chimpanzés, mais aussi altruistes comme les bonobos ; ils imposent des frontières ou font la guerre, les plus stupides érigent des murs, mais ils ont également la faculté de bâtir ensemble des œuvres séculaires, de se donner la main, de pardonner à ceux qui se trompent.

Une des femelles se lève et descend un tronc affalé dans le méli-mélo sylvestre, les autres la suivent en file indienne, se servant de la même liane pour se poser au sol. Ils sont maintenant à trois mètres, je pourrais presque plonger mes mains dans leurs fourrures soyeuses. Sur le sentier, certains marchent parfois sur leurs deux jambes et cette bipédie impromptue accentue l'effet miroir, rend le moment encore plus subjuguant. La femelle de tête se retourne pour voir si nous suivons, s'il n'y a pas de retardataires. Parfois, deux jeunes grimpent en sautillant sur un arbre pour y cueillir trois fruits, s'amusent, se chamaillent et se réconcilient en vingt secondes, puis regagnent la cohorte pacifique. Leur démarche est toujours souple, ce sont eux les rois de la jungle. Et les reines. La place des femelles est particulière dans l'organisation des bonobos : elles détiennent l'autorité, elles mènent la barque. Les mâles ne sont guère portés sur le machisme et ne se hasardent pas à rouler des mécaniques. Au cours de ses patientes observations, Kano découvre que les femelles effectuent des alliances stratégiques qui leur permettent de conserver le pouvoir sur de longues durées. Les bonobos sont peut-être des hippies de la forêt, mais des hippies gouvernés par des amazones, m'avait résumé Claudine André à Kinshasa, juste avant que j'entreprenne cette escapade.

Dans la file indienne, unc guenon boitille : elle a un moignon à la place du pied gauche. Séquelle d'un piège dont elle a réussi à se dégager tant bien que mal. Ça ne l'empêche pas de patrouiller bon train dans les broussailles, de se balader entre le ciel et la terre pendant que nous peinons dans le maelström de lianes, de feuilles, de racines et de branches. Et les insectes, énervés par l'air lourd et moite, nous zézayent dans les oreilles, nous piquent le cou, nous sucent les joues. Quand les singes s'arrêtent pour grignoter d'autres fruits, nous faisons une pause. Ketchus, annonce Jacques. Pardon ? Des ketchus, reprend-il, en veillant à ne pas trop élever la voix. Excellents pour soigner les hémorroïdes. Nous en goûtons aussi : le petit Kale continue de nous surveiller, mais n'a déjà plus peur de ma face de *Mundele*. D'ailleurs, les bonobos ne font plus vraiment attention à nous, c'est plutôt la météo qui semble les tracasser. Quand une rafale de vent gris se faufile entre les cimes, ils décident de décamper : douze secondes plus tard, un éclair se plante au milieu de la clairière, dans un fracas de ferraille ou de fin du monde. Les premières gouttes de pluie sont filtrées par les millions de feuilles qui nous séparent du ciel, mais l'orage ne fait que commencer. Nous n'avons encore rien vu. De nouveaux coups de tonnerre nous font sursauter et la jungle se dilate, ou bien c'est moi qui rapetisse. Les millions de feuilles de la canopée ne suffisent plus à nous protéger, l'univers végétal devient liquide sans que nous ayons pu esquisser un geste – alors que les bonobos sont déjà loin, à l'abri dans des fourrés ou au fond d'une grotte qu'ils connaissent. C'est une averse, crie Jacques. Elle peut durer deux ou trois heures, n'est-il pas préférable de rentrer ? Je lui réponds que ça ne me dérange pas, que nous pouvons rester sans problème, mais au fond je ne rêve que de m'extraire de ce délirant charivari. Jacques argumente que ce n'est pas prudent de rester à cause des branches qui peuvent nous assommer, ajoutant qu'aussi bien la pluie va durer toute la journée : je fais mine de céder, alors que le courageux Batsindelia, qui s'est couvert d'un poncho en toile cirée, va rester sous cet océan de pluie pour continuer de pister les bonobos.

Il ne nous reste plus qu'à retrouver les traces que nous avons laissées aux embranchements. Il pleut des sabres de samouraïs, les milliards de gouttes engendrent un écho infini, tout ruisselle. Il pleut tellement que mon K-Way n'est plus étanche, et mes bottes, trop larges, s'emplissent d'eau, de feuilles, de brindilles, de limaces et d'autres gastéropodes – quand elles pèsent trop lourd, je dois m'arrêter pour les vider, en jurant qu'on ne m'y reprendra pas, que la prochaine fois c'est en tongs que j'affronterai la jungle. Le tonnerre poursuit sa symphonie baroque, le ciel continue de se déchirer, la forêt tremble comme une feuille. Nous ne nous pressons plus, il ne sert à rien de courir, ne sert à rien de s'abriter ; il ne nous reste qu'à chanter, comme sous la douche, dans cette atmosphère de salle de bains surchauffée. Un arbre s'effondre à 40 mètres, qui aurait pu être notre cercueil aussi bien, et je commence à comprendre pourquoi nos ancêtres ont pu souhaiter, à un moment de leur évolution, s'extraire de tous ces replis de chlorophylle pour s'aventurer en terrain dégagé.

•

Rentré au campement, plus ou moins au sec sous les chaumes de la case, je passe le reste de la journée à triturer cette idée : n'est-ce pas d'ici que ces ancêtres ont entamé leur grand voyage, n'est-ce pas du cœur de l'Afrique que les hommes modernes ont commencé leur longue errance à travers le monde, émigrant vers la péninsule indienne il y a 55 000 ans, vers l'Europe et l'Australie il y a 45 000 ans, dans le nord de la Sibérie il y a 20 000 ans, d'où ils traversèrent le détroit de Béring il y a 15 000 ou 16 000 ans pour investir les plaines, les déserts et les forêts des Amériques jusqu'en Amazonie, continuant leur périple pour échouer devant le spectacle des baleines et des icebergs en Terre de Feu, il y a 12 000 ans, au moment où naissait l'agriculture sur les terreaux fertiles de Mésopotamie ? Je reformule mon hypothèse : et si le centre du monde n'était pas une gare du sud de la France, mais plus réalistement Wamba ? Ne sommes-nous pas déjà au cœur du Congo, c'est-à-dire au milieu du milieu de l'Afrique, le berceau de l'humanité ? Le village n'est-il pas posé au mitan du globe, presque pile sur la ligne de l'équateur ? Et cette forêt n'est-elle pas le pays de l'ancêtre commun à tous les primates, à tous les anthropoïdes, à toute la mosaïque d'*Homo* qui s'est répandue, qui a souffert, qui a joui et qui s'est éteinte sur notre planète ? Oui, c'est bien de là que nous avons fichu le camp dans la savane et dans les déserts, par-delà les océans, par-dessus les montagnes, pour aller découvrir ce que l'avenir nous réservait dans les grands espaces. Alors Wamba serait le nombril du monde ? Je dorlote cette perspective, je la considère sous toutes les coutures pour ne pas penser à la solitude qui survient, qui survient en douce dans mon réduit pendant que la pluie se remet à crépiter, comme un feu de cheminée, et parfois une goutte se faufile entre les feuilles pour s'abîmer sur ma joue. Mais cela ne suffit pas à meubler cette foutue solitude. Ou peut-être est-ce l'ennui qui me taraude ? Ça alors ! J'ai atteint le nombril du monde et je m'ennuie, comme dans un dimanche d'enfance. Je m'allonge dans mon lit couffin, j'écoute les battements de mon cœur, je me colmate dans ma moustiquaire, j'essaie de me remémorer chaque seconde auprès des bonobos, je retrouve leurs troublantes ressemblances et l'éclat de leur regard, une autre goutte s'écrase sur ma joue. Je m'imagine à la place de Takayoshi Kano, blotti dans ce même lit, peut-être sous cette même moustiquaire. Il s'y est certainement ennuyé les jours de pluie, s'y est senti seul. Confronté au puzzle de l'histoire de l'humanité, il a disposé quelques pièces qui rapprochent un peu plus les hommes et les bonobos, il a raconté une histoire qui dévoile la proximité de nos systèmes sociaux, une histoire qui parle de solidarité ou d'altruisme, de coopération, de sens moral, de tabou de l'inceste, de partage de la nourriture, d'alliances politiques, de transmission de la culture, aussi : il a vu des mères soigner les plaies de leurs bébés avec des feuilles bien spécifiques, des feuilles qui ont effectivement des vertus cicatrisantes – des recettes de grands-mères transmises de génération en génération. Ainsi les bonobos seraient comme des cousins ténébreux, un peu rustres, mais suffisamment sagaces pour cerner notre personnalité en un regard, des cousins pas très portés sur la discussion, mais volontiers facétieux. Curieux aussi, et vifs, et attachants. Il nous reste toutes ces choses en commun, malgré les millions d'années au long desquelles nos routes se sont éloignées, malgré les centaines de milliers de générations qui se sont succédé, qui ont acté les petites différences qui survenaient, les adaptations aux milieux naturels dans lesquels nous évoluions chacun de notre côté, et qui scellaient en même temps nos destinées divergentes. Aujourd'hui, un homme ne peut pas faire d'enfant à une femelle bonobo, le fossé génétique est trop grand pour que nous puissions procréer. Mais la proximité physique et émotionnelle demeure, fossile sensible de notre passé commun.

La nuit va bientôt tomber, je n'ai pas de nouvelles de Toda et Okamura. Je n'ai d'ailleurs aucune nouvelle du monde, je ne sais pas s'il y a la guerre ou si le réchauffement climatique s'est accentué en mon absence, je ne sais même pas quel écrivain a remporté le Prix de la page 111 qui était décerné la semaine dernière. Les averses vont empirer dans les jours à venir, m'a prévenu Jacques. Les cours d'eau vont grossir, bientôt nous ne pourrons plus passer les gués comme nous l'avons fait à l'aller. Il est temps de songer à rentrer.

ARCHIVES DE LA BROUSSE

Un dinosaure sur le porte-bagages

Hier, Joël m'a demandé une nouvelle avance. Pas pour des cigarettes, mais pour acheter le crocodile que le gardien de la parcelle a piégé au bord de la rivière. Il espère le ramener vivant à Boende et le revendre avec un bénéfice.

— Mais comment allons-nous le transporter ?

— Eh bien, sur le porte-bagages.

14

Picaros

(16 octobre 2016)

La nuit a été un long et terrible brouhaha. C'est d'abord le tonnerre qui nous a harcelés, en bousculant les murs de la case. Le vacarme m'empêchait de dormir, j'ai allumé ma lampe frontale pour me plonger dans un des livres empruntés à la bibliothèque de Jacques, un recueil de nouvelles de Guy de Maupassant. Je lisais ses poignants récits de la guerre franco-prussienne de 1870 et sursautai à chaque déflagration orageuse. Le ciel s'en donnait à cœur joie, j'avais la sensation de m'être égaré sur un champ de bataille : j'imaginai alors toutes les vies biffées par les obus et, si je fermais les yeux, je voyais les enfants se faire pulvériser en Syrie. Les fracas métalliques ne cessaient de s'abattre autour de la parcelle, toujours plus violents ; je pensai aussi aux bombes atomiques qui ont rasé les villes japonaises de Hiroshima et Nagasaki en 1945, grâce à de la matière première congolaise s'il vous plaît, puisque l'uranium qui les avait armées provenait de la région du Katanga, au sud-ouest du pays. J'avais la guerre en son et lumière, je ne savais s'il fallait avoir peur de toute cette fureur qui déboulait du cosmos, comme en écho du big-bang. Je me voyais parfois foudroyé, ou emporté au firmament par une spirale de boules de feu, n'est-ce pas des étoiles que nous venons tous autant que nous sommes et n'est-ce pas aux étoiles que nous retournerons un jour, sous forme de poussière ? En flottant parmi les âmes errantes de la Voie lactée, j'ai revu mon ami le grand Alexandre, que nous appelions Daltex, qui projetait, la nuit, ses vidéos sur les façades de la ville, qui dessinait partout, qui nous offrait des bâtons coloriés, qui avait beaucoup de colère et d'amour à donner, qui était un peu pirate, qui portait d'élégants costumes, c'était sa manière d'honorer chaque journée, qui avait deux jeunes enfants et des yeux bleus aussi perçants que le regard des bonobos, et qui est mort avant le printemps. Mon visage s'est mouillé, toujours cette pluie qui suinte du toit ; ou bien parce que, sous la foudre, on se sent vulnérable si on pense à la fragilité de nos existences.

Réveillé par une toux d'enfant. C'est en fait un chevreau qui a avalé de travers, sous ma fenêtre sans vitrage. Le ciel est impeccable, les premiers rayons font miroiter les flaques de la cour, un cochon divague entre les reflets d'or, s'approche de la case-cuisine et lèche goulûment la marmite que le cuisinier a oublié de rentrer – celle dans laquelle il nous apporte notre frichti tous les soirs. Nous pourrions profiter de cette éclaircie pour prendre la route, mais Joël doit encore remettre en état un roulement à billes de sa Haojin. Et puis il est question d'un match de foot cet après-midi, il ne voudrait pas le rater.

C'est peut-être la dernière fois que je fréquente ce bout de monde, je vais dire au revoir à la jungle. Il fait grand soleil, mais la nature est encore humide des trombes de la veille : des colonnes de fourmis voraces sillonnent les layons, gare au distrait qui poserait une tong sur leur cortège – Jacques a dit que les averses les rendaient hystériques. Je m'arrête devant un tronc monumental et caresse son écorce, sans crainte du ridicule puisqu'il n'y a personne pour me regarder, c'est sous ces mêmes arbres que Kano a évolué pendant vingt-cinq ans. C'est ici même qu'il a appris à s'accommoder des pluies, à ne plus s'inquiéter des serpents et à comprendre les bonobos, c'est à partir de là qu'il est devenu un ténor de la primatologie, un mandarin modeste et secret qui préféra toujours les profondeurs de la forêt aux projecteurs des grands-messes, avant de se mettre en quarantaine pour le reste de sa vie. Je trottine derrière ses stigmates de feu follet : comment ce caractère farouche s'est-il trouvé embarqué dans un aussi long safari à travers la savane puis la jungle ?

•

Toutes les chaises en plastique des environs ont été réquisitionnées. Elles bordent un terrain vaguement rectangulaire, inégal, bosselé, où l'herbe équatoriale a été plus ou moins tondue au coupe-coupe, mais pas partout. Deux buts ont été dressés de chaque côté, à l'aide de branchages plantés dans la terre. Le grand spectacle n'a pas commencé, mais l'assemblée, 200 ou 300 Picaros surexcités, exprime déjà sa liesse. Nous retrouvons Etenyi, un des pisteurs, dans cette féerie : le jeune homme nous arrange un coin à l'ombre en haut d'une termitière, ce qui nous donne une vue d'ensemble.

Le terrain longe d'un côté la piste qui mène à Djolu, de l'autre la jungle. On entend les perroquets dans les frondaisons, du moins au début, car les hourras couvrent tous les autres sons à l'arrivée des joueurs. Ceux de Wamba ont enfilé de vieux maillots bleu ciel et vont nu-pieds, ils joueront sans chaussures. L'équipe adverse, originaire de Yalisele, bourgade située à 30 kilomètres, mise tout sur l'épate : les footballeurs portent des souliers à crampons et leurs maillots jaune et noir sont presque flambant neufs. Ils s'échauffent comme des professionnels et l'arbitre siffle le début de la rencontre. Dès les premiers échanges, je ris comme tout le monde aux facéties de ces athlètes du dimanche, qui s'amusent à faire du football acrobatique chaque fois que l'occasion se présente, puis j'admire leur adresse. Wamba arrive à mettre un premier but à la seizième minute, l'arbitre saute de joie, dévoilant pour qui va sa préférence. Des grognements montent du côté des jaune et noir, au point que leurs supporters décident d'envahir le terrain. Le match est interrompu, un ancien tente de calmer les emportements, il est gobé par la marée humaine, je ne distingue plus rien, n'entends que des cris et des coups de sifflet. Au terme du pugilat, l'arbitre est remplacé et chaque équipe regagne son camp – il faut encore attendre qu'un ivrogne soit évacué du terrain, au milieu duquel il s'était endormi pendant l'algarade. Les joueurs reprennent leur show et tout le monde retrouve sa bonne humeur. Quand Wamba marque un deuxième but, les adversaires contestent le point, au motif qu'un avant-centre était hors jeu ou pour une autre subtilité à trait d'union que je n'ai pas bien saisie, mais cela entraîne à nouveau des échauffourées, avec nouvelle descente des supporters. Cette fois, on ne se contente pas de discuter, les plus excités font parler leurs poings et le match est finalement abrégé par une bagarre générale que nous esquivons en nous faufilant dans la jungle.

Sur le chemin du retour, Joël et Etenyi sont ravis : ils se sont bien amusés. Etenyi nous raconte que Kano organisait des tournois de volley et se souvient d'une anecdote de la dernière guerre, peut-être était-ce en 1999, en tout cas la poste ne fonctionnait plus, les Japonais avaient provisoirement cessé de venir et le camp était occupé par des soudards de l'armée, ceux-là mêmes qui tuaient les bonobos. N'ayant plus accès à Wamba, le primatologue avait fait porter un message de soutien à la population par avion. C'était un petit coucou de brousse, raconte Etenyi. Il est descendu en rase-mottes, nous avons entrevu une main de *Mundele* sortir du cockpit et balancer une boîte entourée d'un ruban de tissu. Dans cette boîte, nous avons trouvé un message qui disait : Protégez les bonobos ! C'est la guerre en ce moment, mais nous reviendrons bientôt ! Nous ne vous oublions pas ! Les Japonais craignaient que leurs sujets d'étude se fassent exterminer.

J'ignore encore beaucoup de choses de la vie de Takayoshi Kano. Je n'en connais presque rien, en fait. J'ai beau accumuler des pages de notes dans la case, recueillir de piquantes anecdotes, souvent les mêmes, je ne saurais pas dessiner son portrait. Devrais-je rester plus longtemps à Wamba, devrais-je continuer mon enquête en soulevant toutes les pierres de ce village langoureux ? Joël, qui est raisonnable, n'y est pas favorable. Maintenant que nous avons assisté au match, il voudrait rentrer vite à cause des rivières en crue qui vont rendre les chemins impraticables, et aussi parce qu'il a acheté son crocodile, un jeune, long déjà de 1 mètre 50, qu'il tient à transporter malgré mes protestations d'écologiste parisien. On dispose de si peu d'informations sur le parcours du savanturier, où trouverais-je de meilleures archives qu'auprès de ceux qui l'ont côtoyé ? Oh, il existe bien une autre piste, il n'y a qu'à ouvrir les yeux, il n'y a qu'à tourner la tête vers l'autre bout du monde : ce serait d'aller écouter ce sphinx nous conter son existence, puisqu'il est toujours en vie – même s'il s'est volontairement évaporé du paysage, même s'il ne souhaite plus s'exprimer en public ni se confier en privé, même s'il n'a pas accordé d'entretien depuis quinze ans. Osera-t-on réveiller le phénix ? On brûle d'entendre sa voix, cela nous donne du courage, oui, on se persuade alors que le voyage n'est pas terminé.

ARCHIVES DE LA VILLE

Un miracle

Je me consume devant les planisphères, le prix des billets d'avion m'affole – toutes mes économies sont déjà parties dans le voyage à Wamba, je suis rentré sans un sou en poche comme me l'avait adjuré Nkoy Batolombo. C'est alors qu'un miracle se produit. Un vrai miracle, pas un phénomène de circonstance : un des magazines pour lequel je travaille m'envoie en reportage sur la péninsule coréenne, juste en face de l'archipel nippon. Le pays du Soleil-Levant ne sera plus qu'à un jet de pierre de la patrie du Matin calme, disons une heure d'avion. C'est un signe, un prodige. Je ne sais plus quel artiste de music-hall disait qu'il croyait aux forces de l'esprit. En Afrique, on ne plaisante pas avec ces entrefaites.

15

Pantoufles

(6 décembre 2016)

Les employés de l'aéroport sont gantés de blanc, un masque en papier protège leur visage ; les taxis sont de longues berlines rutilantes et noires dont les portes s'ouvrent électriquement, comme dans un rêve futuriste. On n'élève pas la voix, on s'excuse pour tout. Propreté immaculée, politesse excessive, hygiène exacerbée. D'emblée, le contraste avec le Congo est assez net. On s'insinue dans le domaine du raffinement. Tout est coquet, tout est ordonné et tiré à quatre épingles, mais je suis perdu devant les fouillis d'idéogrammes. Odeur de soja frit et de brochettes : nous sommes à Osaka, puisque j'ai bénéficié d'un extraordinaire alignement d'étoiles. Un miracle n'arrivant jamais seul, Takayoshi Kano est d'accord pour me rencontrer. Le grand manitou accepte finalement de déplier ses souvenirs.

Le dispositif est le suivant : nous nous verrons chez lui, à Toyonaka, tout au fond de la baie d'Osaka. Je viendrai accompagné de Takeshi Furuichi, son successeur à l'Institut de recherche sur les primates. Je le guette dans la foule de la gare, Furuichi repère ma face de *Mundele*, nous échangeons quelques salamalecs en lingala et filons dans les rues étroites. Pas de cerisiers en fleur, c'est le mois de décembre, mais des arbres soigneusement taillés. Voici la maison de Kano, annonce Furuichi : je n'entends plus rien, j'ai la sensation d'être un athlète des Jeux olympiques au moment de se caler dans les starting-blocks.

Noriko Kano, épouse gracieuse et distinguée, nous fait asseoir par terre – autour de la table basse du salon, comme c'est l'usage en Orient. Puis l'oracle apparaît, en pantoufles, appuyé sur sa canne, grand-père souriant au front dégarni, visage poupin malgré ses 78 ans. Il prend place et la conversation s'engage à petits pas. Son œil acéré me scrute, son regard est une flamme ou c'est son être entier qui est une flamme, qui vacille parfois, mais brûle toujours, qui m'éclaire, oui, qui m'indique les directions. Sans ses mots, aurais-je pu deviner le paradis des premières années, l'appendicite dans la brousse, la 404 en panne, la bicyclette rouge, les colères et les éblouissements ?

Le Grand Sachem exhume ses souvenirs dans le désordre, entre dans les détails quand ça lui dit et nous invite à reprendre un peu de saké. Il déploie ses planisphères fanés, un document très précis de l'Institut géographique du Zaïre daté de 1972, un autre du territoire de Djolu en 1963. Son itinéraire est tracé au crayon sur le papier jauni, certains villages sont entourés. Je connais enfin sa route exacte, ses allées et venues, ses hésitations. Il parle sans s'arrêter maintenant, il a aimé cette liberté absolue de pédaler dans la jungle, il a toujours chéri la solitude, ce n'est pas un crime. Le vieux singe n'est pas un ours, il est simplement entré en ermitage pour s'écarter de la vanité des hommes. Il ouvre ses carnets de toile, jaunis eux aussi. Les dates sont inscrites sur la tranche, 16 au 29 septembre 1973, 30 septembre au 21 octobre 1973, et ainsi de suite ; les notes prises en japonais, en lingala, en français parfois. Suites de chiffres qui ne veulent plus rien dire, noms de localités agrémentés d'observations scientifiques, pense-bêtes pour plus tard. Pas de feuilleton trépidant qui narre ses aventures épiques de *Tintin au Congo* ou d'Indiana Jones jaune, pas de roman-fleuve intitulé *Samouraïs dans la brousse*. Ce qui m'arrivait, confie l'aventurier à la retraite, les petits tracas, les incidents, les choses de la vie, je les mettais dans mes lettres à ma femme. Peut-on les voir ? Non. On pouvait s'en douter.

Cinquante ans après leur mariage, ses yeux brillent encore quand il regarde Noriko et les murs de la cuisine sont décorés des dessins de leurs petits-enfants. Kano me ressert du saké, avoue que c'est parce que j'ai accompli le voyage jusqu'à Wamba qu'il a bien voulu me rencontrer, répète qu'il est attaché à sa tranquillité. Il est né ici, à Toyonaka, il n'y avait pas tous ces immeubles qui bouchent la vue aujourd'hui : en culottes courtes, il aimait plus que tout se promener à travers champs. Son grand-père exerçait la profession de charpentier des temples, c'est lui qui a construit cette modeste maison dans laquelle nous parlons. Son père, architecte, se déplaçait dans tout le pays, c'était l'époque où le Japon bâtissait à tout va. Takayoshi aurait pu prendre sa suite, il aurait eu de quoi faire, mais ne se sentait aucune attirance pour la rigidité du béton. Il avait cinq sœurs et préférait les arabesques du végétal.

Il s'est montré toujours digne de ce qu'il a aimé, ne s'économisant jamais, prenant goût à instruire l'inventaire des liens que nous avons gardés avec les grands singes et à toucher du doigt nos retentissantes analogies. Attentif à toutes choses de la nature, il a assisté à des milliers d'aurores : de tous les spectacles qu'il aura vus dans sa vie, ce sera son préféré.

Enfant, Kano ne pouvait pas imaginer qu'il foulerait un jour la terre du samouraï noir. Oh, bien sûr, il était attiré par les horizons, regardait s'éloigner les navires de commerce dans la baie d'Osaka. Mais l'Afrique était trop distante pour seulement en rêver, le Japon trop meurtri pour s'autoriser de telles fantaisies. Il fait ses premières brasses dans l'océan Pacifique, qui est bien trop profond pour le traverser à la nage quand on a 10 ans, et son adolescence est sage : il aime les mathématiques, se passionne pour les petites bêtes – les lucioles qui le bouleversent, les libellules aux ailes transparentes, les scarabées qu'il élève dans des écrins de poupée ; les papillons enfin, dont il admire le vol vif et les envergures bariolées. Il s'empare d'une épuisette et s'élance vers les collines pour en capturer de nouveaux spécimens.

Du haut de son monticule, il voit son pays s'engager en accéléré vers le progrès. Il est d'une génération où l'on peut encore espérer que l'avenir sera meilleur : il s'attarde jusqu'à la nuit, les lumières de la ville s'allument comme des étoiles et les lucioles flottent autour de son visage. L'enfant sent monter un violent sentiment d'appartenance à la nature. Plus tard, quand passera le temps de l'innocence, il comprendra que les hommes sont cupides et capricieux, que leur arrogance les rend déraisonnables, qu'ils détruisent tout, et préférera s'effacer. Mais, pour l'heure, il contemple la voûte céleste qui s'étale à l'infini, comme un champ de pâquerettes phosphorescentes. Il est la vibration du gong sur le lac et le ruisseau curieux de rejoindre le fleuve, il est le vent qui fait ondoyer les herbes jaunes de la savane, il est le tigre et le dragon, l'aurore et le crépuscule, le commencement et la fin, il est le singe qui s'évanouit dans la brousse, il est le battement d'ailes d'un papillon.

Le papillon bat des ailes
Comme s'il désespérait
De ce monde.

Kobayashi Issa

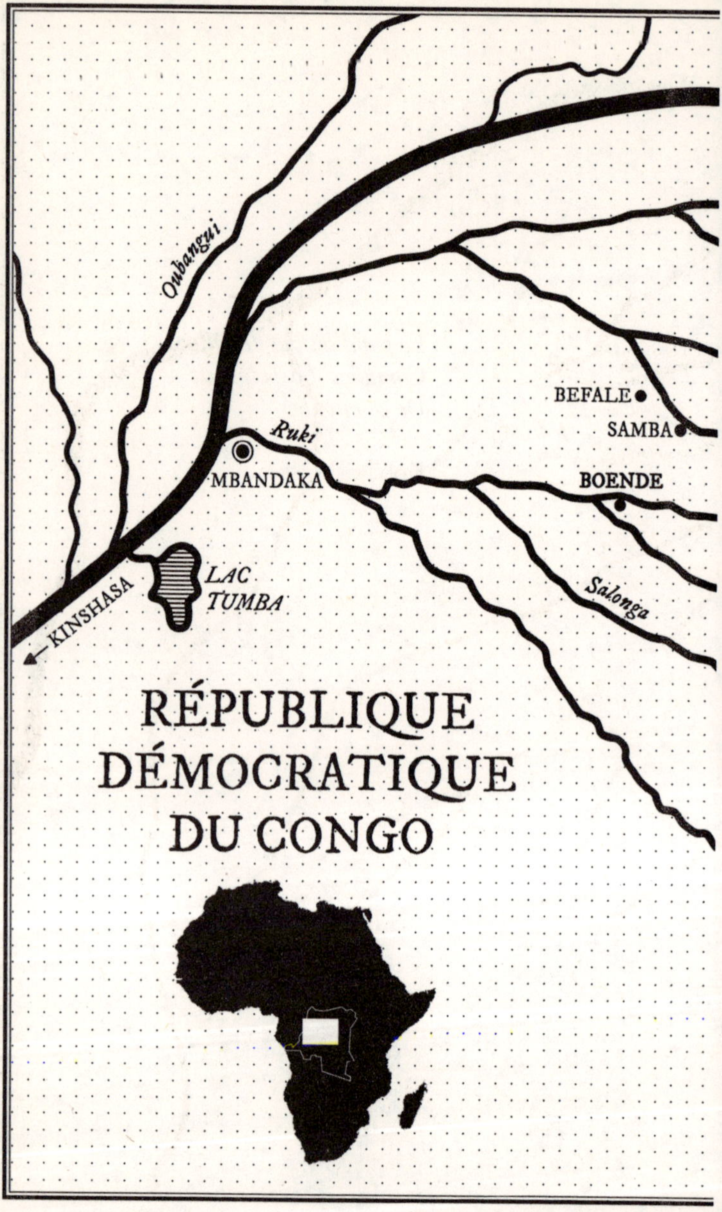
Oubangui
BEFALE
SAMBA
Ruki
MBANDAKA
BOENDE
LAC
TUMBA
KINSHASA
Salonga
RÉPUBLIQUE
DÉMOCRATIQUE
DU CONGO

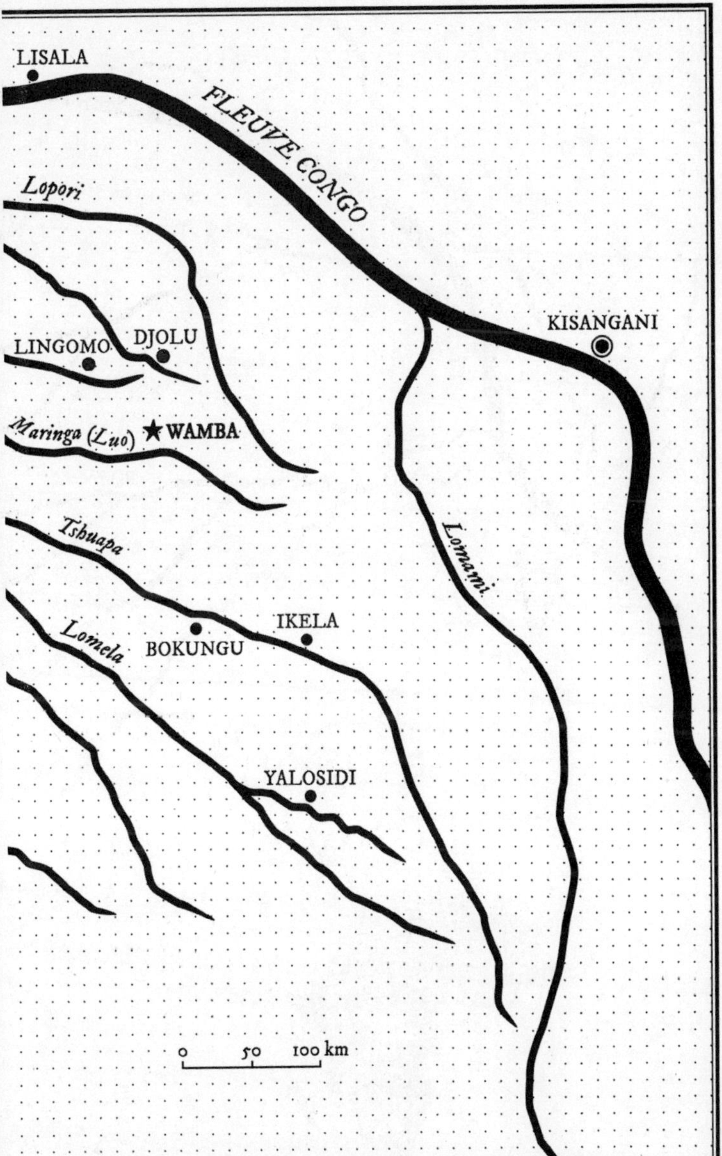
LISALA
FLEUVE CONGO
Lopori
KISANGANI
LINGOMO
DJOLU
Maringa (Luo)
WAMBA
Lomami
Tshuapa
IKELA
BOKUNGU
Lomela
YALOSIDI
0 50 100 km

Remerciements

À Wamba : *Jacques Batuafe, Nkoy Batolombo, Etenyi Batuafe, Batsindelia Luunga, Ikenge Lokake, Hubert Bafutsa, Lingomo Bongoli, Iatu Nkoy, Iyokango Bahanande, Toda Kazuya et Okamura Hiroki.*

À Boende *: Joël Eeke, Bodrick Boale et sa famille.*

À Mbandaka : *Cécile « Sissi » Bosimbi & Pie-Roger Bofunga, Teddy Bompoko, Naomie Baye, Dieudonné Elema.*

À Kinshasa : *Olivier Morro et Verónica Georgina García de Morro Morales, amphitryons de première classe. Claudine André et Fanny Minesi, Tetsuya Sakamaki, Cintia Garai. Angelo Turconi. Karl Ammann. Florent de la Tullaye et Fabrice Lehoux pou*r Le Petit Marseillais. *L'éternel Louison Mbeya. Tina & Zéphirin Mampengu, Micheline Mampengu, Bienvenu Limbaya. Brenda Lezin.*

À Osaka : *Noriko & Takayoshi Kano. Charles Recoursé pour le Whisky Bar.*

À Inuyama : *Takeshi Furuichi & Chie Hashimoto.*

Au Cameroun : *Régis Dantaux, Stéphane Leclerc, Kazuhito Fujita, Abou Mbassa a Dang, Patrice Crivello et A. Flaubert Taboue Nouaye. Une pensée pour Jean-Guy Djepa, mémorable raconteur.*

À Bruxelles : *Emmanuel Guilissen, Wim Wenderen.*

À Bordeaux : *Pauline Thomas-Teynié, pour les photos et les vingt-quatre ans.*

À Vauvert : *Peggy Delrue Libby et Marion Mazauric.*

À Paris : *Belange, Lili (qui veut protéger les ours) et Arthur (qui craignait que les loups m'attaquent dans la brousse). Hélène Jan pour la couverture et Nicolas Jan pour la carte. Boris Coridian et ses Digitalistes. Bruno Albert. Olivier Mialet pour le point de départ. Tadao Takeuchi pour les traductions. Va-partout et Chante-fort pour la rencontre avec les éditions Paulsen. Boit-sans-soif pour tout.*

Pour écrire cette histoire, j'ai bénéficié d'une résidence d'écriture au Cameroun, organisée conjointement par l'Institut français de Yaoundé et la fondation Gacha. J'ai aussi passé deux semaines en Camargue, chez les Avocats du Diable à Vauvert, et deux semaines au pied du Mont-Blanc, chez mon éditrice la fabuleuse Marie-Christine Guérin. Enfin, j'ai obtenu une bourse de création du Centre National du Livre.

Table

Guillaume Jan
au Livre de Poche

Le Baobab de Stanley n° 34293

« L'hiver approche, la fille que j'aimais m'a quitté, j'ai un peu d'argent de côté et pas d'autre projet pour les mois à venir. » Guillaume Jan part en Afrique, à Zanzibar, avec l'ambition de traverser le continent jusqu'à l'embouchure du fleuve Congo. Il nage avec des dauphins, escalade une montagne, trouve une pirogue, dort à la belle étoile et s'égare dans la jungle en écoutant un philosophe de la brousse s'enthousiasmer pour Jean-Paul Sartre. En chemin, il découvre que sa route se confond avec celle de Henry Morton Stanley, le premier explorateur à s'aventurer dans le tréfonds de cette forêt magnétique. (Avec en supplément la nouvelle « Cher Boula Matari » et un cahier photo.)

Traîne-savane n° 33799

« À tant flâner dans la jungle et la savane, j'ai fini par m'y marier. Nous avons convolé dans un village pygmée, après un périple échevelé à travers le Congo. Cent cinquante ans plus tôt, le missionnaire David Livingstone cartographiait ses téméraires explorations du continent africain en croyant au progrès, en combattant l'esclavage et en rêvant à l'émancipation du peuple noir. Je raconte ici mes modestes cabrioles dans la brousse en les tressant, un chapitre sur deux, avec les aventures picaresques du docteur Livingstone. »

Du même auteur :

Le Baobab de Stanley, François Bourin éditeur, 2009.
Le Cartographe, Intervalles, 2011.
Traîne-savane, Intervalles, 2014, Grand Prix du roman de la SGDL 2015.

PAPIER À BASE DE
FIBRES CERTIFIÉES

Le Livre de Poche s'engage pour
l'environnement en réduisant
l'empreinte carbone de ses livres.
Celle de cet exemplaire est de :
400 g éq. CO_2
Rendez-vous sur
www.livredepoche-durable.fr

Composition réalisée par PCA

Achevé d'imprimer en décembre 2019, en France sur Presse Offset par
Maury Imprimeur – 45330 Malesherbes
N° d'imprimeur : 242166
Dépôt légal 1re publication : janvier 2020
LIBRAIRIE GÉNÉRALE FRANÇAISE – 21, rue du Montparnasse – 75298 Paris Cedex 06

63/8006/5